Peter Ballnik   **Papa-Zeit**

Für Valentina

Peter Ballnik **Papa-Zeit**

52 Tipps für berufstätige Väter

orell füssli Verlag AG

Lektorat: Karoline Lemke
Umschlagabbildung: ©plainpicture/RelaXimages
Umschlaggestaltung: Andreas Zollinger, Zürich
Druck: fgb • freiburger graphische betriebe, Freiburg

ISBN 978-3-280-05426-0

Bibliografische Information der Deutschen Nationalbibliothek: Die Deutsche Nationalbibliothek verzeichnet diese Publikation in der Deutschen Nationalbibliografie;
detaillierte bibliografische Daten sind im Internet abrufbar über http://dnb.d-nb.de

FSC
www.fsc.org

MIX
Papier aus verantwor-
tungsvollen Quellen
FSC® C106847

Inhalt

Einleitung

Jeder weiß es besser. Aber keiner sagt, wie es wirklich geht – eine gute Vater-Kind-Beziehung führen. Dem abzuhelfen, und zwar in ganz konkreter Form, ist hier mein Anliegen. Vielleicht geht es Ihnen nämlich so wie Ralph. Er ist 35 Jahre alt, arbeitet, seitdem er das Studium abgeschlossen hat, in derselben Firma und fragt sich bei einer 45-Stunden-Woche, wie er da noch Zeit für seinen 9-jährigen Sohn Gerolf finden soll. Ralphs Arbeitskollege Paul, 36 Jahre alt, scheint hingegen alles mit links zu machen. Seit zehn Jahren arbeitet er nun schon in der Firma, in der er gleich nach seinem Studium angefangen hat. Stetig kam er auf der Karriereleiter voran, jetzt ist er Abteilungsleiter. Sein Privatleben musste er dafür häufig zurückstellen. Trotzdem ist er ein begeisterter Vater und seine beiden Kinder – David, 8, und Lilian, 6 – lieben ihn heiß und innig. Und Paul liebt seine Kinder. Die Frage, wie es ihm gelingt, alles unter einen Hut zu bringen, liegt nahe.

Die Karriereleiter zu nehmen, war für Ralph kein Problem, das Verhältnis zu seinem Sohn Gerolf hat sich aber derweil zusehends verschlechtert. Während Pauls Kinder zum «kids-day» die Firma stürmten, weigerte Gerolf sich, seinen Vater zu begleiten. Ralph muss feststellen, dass sein Sohn ihm entgleitet, dieser er ihn ablehnt und nur noch wenig mit ihm zu tun haben möchte.

Was Ralph nicht weiß, ist, dass Paul vor allem auf die Qualität seiner Vater-Kind-Beziehungen achtet und sich um die Quantität weniger Sorgen macht. Was heißt das aber ganz konkret? Wie soll diese Qualität im Alltag aussehen? Was macht Paul anders als Ralph? Was kann er tun, um ein ebenso guter und deshalb zufriedener Vater wie Paul zu werden?

Dieses Buch liefert Ihnen 52 Tipps, mit denen Sie sich auf den richtigen Weg begeben, die Qualität Ihrer Vater-Kind-Beziehung zu verbessern. Auf Erfahrungen aus meiner Beratungs- und Forschungstätigkeit basierend, habe ich die Tipps nach Jahreszeiten geordnet. Sie bieten Ihnen die Möglichkeit, jede Woche des Jahres eine passende Anregung für die gemeinsame Zeit mit Ihrem Kind auszuprobieren. Jeder einzelne Tipp kann Ihre Vater-Kind-Beziehung verbessern. Wenn es Ihnen gelingt, auch nur sechs davon regelmäßig mit Ihrem Kind umzusetzen, dann gehen Sie garantiert in eine ähnliche Richtung wie Paul. Sie werden zu einem Mann, der trotz seiner zeitaufwändigen Karriere ein guter Vater ist.

Die Tipps habe ich in Form von beispielhaften Episoden gestaltet, welche sich leicht und direkt umsetzen lassen oder als Inspirationsquelle für selbst erdachte Aktivitäten dienen. Mit Informationen zum psychologischen Hintergrund, dem passenden Alter, etwaigen Gefahren und organisatorischen Hinweisen sowie Leseempfehlungen und Kostenaufwand werden die Tipps abgerundet.

Welchen Gewinn bringt Ihnen diese Lektüre?

- Sie verbessern die Beziehung zu Ihrem Kind dauerhaft.
- Sie verstehen, welche Faktoren die Beziehung zwischen Ihnen und Ihrem Kind bestimmen.
- Sie entwickeln eine gute Balance zwischen Ihrer Berufstätigkeit und Ihrem Vatersein.
- Sie haben immer wieder neue Ideen parat, um Ihr Kind zu überraschen.
- Sie können wirklich Vater sein und nicht nur Spielkamerad und Kumpel.

Im zweiten Teil des Buches beschreibe ich aus pädagogisch-psychologischer Sicht, was eine gute Vater-Kind-Beziehung ausmacht, wo ihre Wurzeln liegen, wie Sie sie weiterentwickeln und festigen können. Ich führe aus, wie Vater und Mutter ein gutes Eltern-Team bilden. Dann gehe ich kurz auf den Unterschied zwischen einer Vater-Sohn- und einer Vater-Tochter-Beziehung ein. Das ist wesentlich, weil Söhne andere Anforderungen und Wünsche an ihren Vater haben als Töchter. In einem Entwicklungsdiagramm zeige ich Ihnen, wann die entscheidenden Phasen in der Entwicklung Ihres Kindes sind, in denen es Sie als Vater besonders braucht. Natürlich müssen Sie als Mann und Erwerbstätiger Ihren Beruf im Auge haben, manchmal müssen Sie sich sogar ganz darauf konzentrieren. Es gibt aber gewisse Phänomene und

Zeichen, die darauf hinweisen, dass Ihr Kind um Hilfe ruft – zum Beispiel unerklärliche Aggressionen oder Rückzug. Ich führe diese Zeichen exemplarisch für Sie zusammen. Diese sollten Sie erkennen und richtig deuten, nämlich als echte Notlagen! In diesen Fällen sollten Sie Ihrem Kind für einen längeren Zeitraum verstärkt Ihre Aufmerksamkeit schenken und die Prioritäten neu setzen. Dann nämlich hat das Konzept der «quality time» seine Grenzen gefunden.

Ich wünsche Ihnen, dass Sie diesem Buch für sich und Ihr Kind viele Anregungen entnehmen, um Ihre Beziehung zu stärken. Was ich Ihnen aber vor allem wünsche, sind viele glückliche Stunden mit Ihrem Kind.

Salzburg, im Frühjahr 2011
Peter Ballnik

52 Tipps rund ums Jahr

Frühling

Im Frühling erwacht die Welt von Neuem.
Eine wunderbare Zeit, um mit Ihrem
Kind die Welt zu entdecken. Die Sinne
sind geschärft, wir riechen die milder
werdende Luft und die feuchte Erde. Wir genießen die ersten
wärmenden Sonnenstrahlen auf der Haut. Diese Zeit
ist verbunden mit Aufbruch und Lebendigkeit, mit Wachheit
und Klarheit. Nutzen Sie diese Kräfte, lassen Sie durch den
frischen Wind Ihre Vater-Kind-Beziehung neu beleben.
Die Aufbruchsstimmung des Frühlings weckt oft auch die Lust
auf Bewegung, ein idealer Impuls für Vater und Kind.
Kinder lieben und genießen es, draußen zu sein und sich und
ihre Kräfte auszuprobieren. Aber auch stillere Momente
und Schlechtwettertage wollen sinnvoll ausgefüllt werden. Was
auch immer Sie vorhaben: Diese Tipps können Sie
dabei unterstützen.

Aufmerksamkeit schenken trotz Berufsstress

Viktor ist im Stress. Er leitet die Entwicklungsabteilung eines Softwareunternehmens und sein Team muss in den nächsten drei Wochen ein Computerspiel fertigstellen, das in den Medien bereits beworben wird und immer noch nicht richtig funktioniert. Der 38-Jährige ist glücklich verheiratet und Vater eines 6-jährigen Sohnes: Doch zurzeit steht er mit Gedanken an das Spiel auf, arbeitet den ganzen Tag daran und geht mit Gedanken an dieses Computerspiel ins Bett. Von seiner Familie und ihrem Alltag bekommt er momentan wenig mit. Darunter leidet sein Sohn Markus sehr. Er überlegt schon, was er denn falsch gemacht, was er denn verbrochen haben könnte, dass ihn sein Papa so gar nicht mehr beachtet. Seine kindlichen Vermutungen gehen so weit, dass er glaubt, seinen Vater verärgert zu haben und dieser entziehe ihm deshalb seine Aufmerksamkeit. Als Markus seiner Mama davon erzählt, ist diese sehr betroffen, weil sie weiß, wie wichtig ihrem Sohn der Papa ist. Nachdem sie Markus am Abend ins Bett gebracht hat, nimmt sie ihren Mann zur Seite. Der sitzt natürlich wieder vor dem Computer, weil er unbedingt noch etwas ausprobieren will. «Du», sagt sie, «der Markus glaubt, du magst ihn nicht mehr.» «So ein Blödsinn, ich bin zurzeit nur furchtbar im Stress», antwortet Viktor. «Das mag schon sein», fährt seine Frau fort, «aber als 6-Jähriger kann er das nicht verstehen. Er glaubt schon, er hat etwas angestellt, dass du ihm böse bist. Jedenfalls fährt seine Fantasie gerade Geisterbahn mit ihm.»

«Die Aufmerksamkeit des Vaters lässt dem Sohn Flügel wachsen.»
Viktor, Vater von Markus, 6 Jahre

Diese Beispielsituation scheint harmlos, doch jedem Außenstehenden ist klar, dass Viktor derjenige ist, der etwas unternehmen sollte. Die Worte seiner Frau haben ihn nicht unbeeindruckt gelassen und er überlegt, wie er Markus' Zweifel zerstreuen und dennoch gewissenhaft seiner Arbeit nachgehen kann. Das Computerspiel ist zwar ein wichtiges Projekt, aber die Familie geht trotz allem vor. Schon am darauffolgenden Morgen wird Viktor aktiv. Indem er am Frühstückstisch das Gespräch mit seinem Sohn sucht, ihm durch freundliche Worte und Gesten Aufmerksamkeitssignale sendet, entspannt sich Markus sofort und fasst wieder Vertrauen. Dass sein Papa ihn dann noch in die Schule fährt, bestätigt ihn ein weiteres Mal: Es ist alles in Ordnung.

Der gestresste Viktor hat mit nur wenig Aufwand eine kleine Krisensituation behoben, die für ein Kind dieses Alters von großer Bedeutung ist. Zudem konnte er das Computerspiel trotzdem pünktlich fertigstellen, da ihm die entscheidende Idee noch am selben Abend beim Spielen mit Markus kam. «Diese Synergien werde ich weiterhin nutzen», denkt er zufrieden. «Mein Vatersein und meine Arbeit ergänzen sich wunderbar, so ein Glück!»

Die Aufmerksamkeit, die Sie Ihrem Kind schenken, gibt ihm   Psychologie
die Sicherheit, die es braucht. Sie zeigt ihm, dass es wichtig ist. Aufmerksamkeit ist grundsätzlich nicht aufschiebbar. Ihr Kind hat eine andere Zeitstruktur als Sie – vor allem als Kleinkind. Aber auch einem Vorschulkind kommt eine Stunde viel länger vor als Ihnen und es kann nicht warten. Sie sollten Wege finden, die wichtigsten Angelegenheiten mit Ihrem Kind immer gleich anzugehen. Da reichen oft schon fünf Minuten. Dann können Sie sagen: «Jetzt brauche ich Zeit für mich, aber nach dem Abendessen habe ich wieder Zeit für dich.» Bedenken Sie, dass Mädchen Ihre Aufmerksamkeit noch direkter brauchen als Jungen. Jungen erleben ein starkes Miteinander, ein gemeinsames Aufgehen in einer Sache – zum Beispiel eine handwerkliche Aktivität – schon als Aufmerksamkeit. Mädchen brauchen da meist mehr. Weil sie viel beziehungsorientierter sind, müssen Sie als Vater die Beziehung immer wieder auch direkt ins Spiel bringen: Durch Gespräche und einfache Fra-

gen («Wie geht's dir denn?»), durch Augenkontakt und Zärtlichkeiten. Für Jungen in einem bestimmten Alter könnte das
bereits «uncool» sein.

Alter Aufmerksamkeit braucht Ihr Kind von Geburt an, zuerst
sehr viel, dann etwas weniger, ganz versickern darf sie jedoch nie.

Wie Wie finden Sie zur richtigen Aufmerksamkeit? Versuchen
Sie, einmal täglich all Ihre Sorgen und Gedanken wie einen
Vorhang zur Seite zu schieben und sich ganz auf Ihr Kind ein-
zulassen. «Sorgenfrei» zu sein ist schwer, aber nur so können
Sie sich voll und ganz auf Ihr Kind konzentrieren.

Gefahren Viele Väter versuchen, fehlende emotionale Aufmerksamkeit durch teure Geschenke zu ersetzen und sich damit «freizukaufen»; dies ist auf lange Sicht nicht möglich. Gelingt es Ihrem Kind nicht, Ihre positive Aufmerksamkeit auf sich zu
lenken, besteht die Gefahr, dass es Ihre negative provoziert,
indem es zum Beispiel etwas anstellt und Sie ihm daraufhin
Ihre Aufmerksamkeit schenken müssen. Also: Positive Aufmerksamkeit lohnt sich!

Aufwand Kein materieller. Aufmerksamkeit ist eine kostenfreie, sehr
lohnende Investition, für Ihr Kind und für Sie selbst.

Ihr Kind ist es wert, dass Sie ihm Ihre volle Aufmerksamkeit
schenken. Richten Sie all Ihre Sinne, all Ihre Konzentration
auf das Kind. Sie werden sehen, wie es Ihre Aufmerksamkeit
genießt und aufrechter durchs Leben geht.

Bestätigen im gemeinsamen Hobby

Konrad ist ein begeisterter Bergwanderer, genau wie sein Sohn
Micha. Die Familie lebt in Strobl am Wolfgangsee mit dem
Bergwerkskogel und dem Rettenkogel vor der Haustür. Seit
Langem wünscht sich der 12-jährige Micha, endlich einmal die
geläufige Route zwischen diesen zwei Bergen zu wandern. Da

es aber zwei Kletterpartien gibt, ist die Scheu vor diesem Unternehmen groß. Der Ehrgeiz, es seinen Klassenkameraden gleichzutun, ist jedoch nicht kleiner. Deshalb bittet er Konrad, gemeinsam mit ihm die Tour zu machen. Michas Papa willigt ein, betont aber bereits vorab, dass der 12-Jährige jederzeit die Möglichkeit habe, umzukehren, wenn Micha ausgepowert wäre.

Vater und Sohn starten gut vorbereitet ihre Wanderung: mit einem gesunden Frühstück und den passenden Wetteraussichten sind bereits zwei Stressfaktoren reduziert, die Micha andernfalls zu einer verfrühten Umkehr bringen könnten. Der leicht ansteigende Bergweg macht Unterhaltung und damit ein ungezwungenes Beisammensein möglich. Als die erste Hürde näherrückt, wird Micha jedoch schweigsam. Um dieser Angst entgegenzuwirken, hat Konrad für seinen Sohn ein Sicherheitssystem konstruiert: An einem Klettergurt hat er zwei Seile mit Karabinern befestigt. Beim Klettern ist Micha also immer mit mindestens einem Karabiner gesichert. So kann ihm kaum etwas passieren. Konrad zeigt Micha, wie er damit umgehen muss, und klettert voraus. In dieser Stresssituation ist es wichtig, dass der Vater mit dem Sohn auf geduldige Weise

«Ohne Papa hätte ich das nicht geschafft.»
Micha, 12 Jahre, Sohn von Konrad

kommuniziert, ohne Druck auszuüben und die eigentliche Motivation zu mindern: «Schau, wohin ich steige, was ich mit meinen Händen und Füßen mache, und klettere mir nach. Du schaffst das ganz sicher!», sagt Konrad. Die kritische Stelle ist rasch überwunden und das Erfolgserlebnis kann gewürdigt werden: «Super!», bestätigt Konrad seinen strahlenden Sohn.

Nach einer weiteren Stunde stehen die zwei vor einer acht Meter hohen, fast senkrechten Wand. Die Hürde hat in Michas Augen einen höheren Schwierigkeitsgrad, sodass er trotz des väterlichen Zuspruchs zu jammern anfängt. Manchmal kein gutes Gefühl für einen Vater, weil der sich dabei unangenehm berührt oder hilflos fühlen kann. Konrad tut jedoch genau das Richtige: Er bleibt geduldig und ermuntert Micha, sich selbst einen Versuch zu gönnen, nach dem eine Umkehr immer noch möglich sei. Auf diese Weise kann Micha sich selbst nicht unnötig lang mit Selbstzweifeln und Ängsten quälen. Nach einigem Zögern klettert er seinem Vater ein weiteres Mal nach und ist so schnell oben, dass er gar keine Zeit hat, sich zu fürchten. Beim Gipfelkreuz umarmen sich Vater und Sohn herzlich. Micha ist stolz und dankbar: «Ohne dich hätte ich das nicht geschafft, Papa!»

Psychologie Damit Ihr Kind seine Potenziale erschließen kann, gilt es, Ihr Kind zu fordern, aber nicht zu überfordern. Die gesteckten Ziele müssen erreichbar sein. Nur dann kann Ihre Bestätigung, Ihr Lob Ihrem Kind die Motivation geben, die es braucht. Sie als Vater sollten wissen, ob Ihr Kind das Ziel erreichen kann. Das liegt in Ihrer Verantwortung. Und bedenken Sie: Lob hat auch bei Ihrem Kind viel mehr Effekt als Kritik.

Alter Lob, Anerkennung und Bestätigung braucht Ihr Kind in jedem Alter, als Baby ebenso wie als Erwachsener. Wenn Ihr Kind von Ihnen nicht bestätigt wird, sucht es sein Leben lang Anerkennung.

Wie Wie finden Sie das richtige Maß an Bestätigung? Viele Väter brauchen für das Bestätigen und Loben häufig einen konkreten Hintergrund. Sie sollten im Zweifelsfall jedoch mehr geben, als Sie möchten. Männer neigen dazu, Leistungen ihrer Kinder als selbstverständlich zu nehmen. Das sind sie aber nicht!

Literaturvorschlag Barbara Hennings, Gisela Niemöller (2007): Ermutigen statt kritisieren. Ein Elternratgeber nach Rudolf Dreikurs. 4. Auflage, Herder Verlag.

Gefahren Konzentrieren Sie sich auf die positiven Seiten Ihres Kindes, ohne die negativen außer Acht zu lassen. Manchmal blockieren Konflikte – vor allem in der Pubertät – die Vater-Kind-Beziehung so sehr, dass Sie die positiven Aspekte Ihres Kindes aus den Augen verlieren. Wenn Ihr Kind etwas gut macht, sagen Sie es ihm und zeigen Sie ihm Ihren Stolz.

Manchmal kostet Loben und Bestätigen Überwindung, für Aufwand den Selbstwert Ihres Kindes lohnt es sich auf jeden Fall.

Ihr Kind braucht Ihre Bestätigung, um sein Selbstwertgefühl zu entwickeln. Viele Väter loben ihr Kind nur, wenn es ihrer Meinung nach einen echten Grund dafür gibt. Im Gegensatz zu den meisten Müttern. Die loben ihr Kind nämlich oft auch dann, wenn scheinbar kein wirklicher Anlass besteht. Ihr Kind braucht jedoch eine realistische Einschätzung, damit es eine klare Orientierung bekommt, wo es steht.

Naturverbunden durch Mutter Erde

In der Familie der 4-jährigen Sarah ist es Brauch, im Garten einen Baum zu pflanzen, wenn ein Kind auf die Welt kommt. Für Sarah wurde eine Birke gepflanzt, die jetzt schon ziemlich groß ist. Auf ihr klettern darf Sarah noch nicht, und wie lang zwei Jahre sind, davon kann sich Sarah auch noch keine Vorstellung machen. Sie muss also warten.

Gewartet hat sie auch schon auf ihr Brüderchen, für das sie jetzt einen Baum pflanzen wird. Sarah weiß zwar nicht, wie ihr Bruder es in den flachen Bauch der Mutter geschafft hat und ob sie ihn mag, aber sicherheitshalber passt sie auf, dass ihr Papa Michael im Garten auch alles richtig macht. Der hat für den neugeborenen Peter eine kleine Buche gekauft. Ausgerüstet mit einer großen Schaufel für Michael und einer kleinen für Sarah gehen die beiden in den Garten. Mit gebührendem Abstand zu Sarahs Birke wird ein Platz für Peters Buche gewählt und ein tiefes Loch ausgehoben. Vater und Tochter spielen nebenbei mit der Erde. Sie zerreiben Erdklumpen zwischen ihren Händen. Sarah liebt das Buddeln in der Erde und möchte ihrem Papa die Erde am liebsten auch gleich noch ins Gesicht schmieren.

Letzteres klingt zwar lustig, sollte aber ebenso strikt abgewehrt werden, wie es Michael tut, ist das Kind auch erstmal enttäuscht. Unter Gleichaltrigen kann dies sonst nämlich schnell unliebsame Nachahmer finden. Eine gute Alternative bietet sich, wenn man noch etwas selbstgemachten Dünger haben möchte: Mit den Händen kann das Kind das ausgehobene Erdreich zu einem kleinen Vulkan zusammenschieben, in dessen Mitte es unter Aufsicht etwas Altpapier abbrennt. Die abgekühlten Aschereste werden unter die Erde für den Baum gegraben. Nachdem diese aufgeschüttet, festgetreten und der Baum angegossen ist, kann Sarah über den kommenden Sommer der Pflanze beim Wachsen zuschauen und für ihren kleinen Bruder darauf aufpassen. Damit lernt sie nicht nur, schon ein kleines bisschen Verantwortung zu übernehmen, sondern auch, Besitztümer ihres Geschwisterkinds und die lebendige Natur zu achten.

> **«Erde mag ich.»**
> Sarah, 4 Jahre, Tochter von Michael

Psychologie Gerade das Element Erde ist gut dafür geeignet, dass Vater und Kind eine tiefe Verbundenheit zu ihrem Planeten, aber auch zueinander spüren können. Sie können gemeinsam einen Baum pflanzen oder auch nur Radieschen. Die Größe der Pflanze ist weniger entscheidend als der Prozess des Wachsens: Den sollten Sie gemeinsam verfolgen.

Alter Schon Kleinkinder können eine tiefe Beziehung zur Erde entwickeln. Dies kann auch oft über den Mund geschehen.

Wie Wie finden Sie den richtigen Zugang zur Erde? Was Sie im Frühjahr aussäen oder pflanzen, ist in seinem Wachstum besonders leicht zu verfolgen, oft finden nach einem warmen Re-

20

gen ja regelrechte «Explosionen» statt. Überraschender und «wundersamer» empfindet es Ihr Kind aber vielleicht, dass die im Herbst gesetzten Zwiebeln auch nach einem harten Winter auszutreiben beginnen. Wer keinen Garten hat, kann die Zwiebeln in Schalen setzen und auf der Fensterbank oder dem Balkon treiben lassen.

Wenn Ihr Kind klein ist, achten Sie darauf, dass es keine Gefahren kleinen Steine in den Mund schiebt. Auch auf den Ort sollten Sie achten: Eine Kuhweide oder ein Hafengebiet sind weniger geeignete Orte zum Spielen.

Grundsätzlich ist die Erde kostenlos erlebbar. Umso wich- Aufwand tiger ist es, dass Sie Ihrem Kind auch eine gewisse Achtung für das Element Erde und für unseren Planeten vermitteln.

Kinder sind sinnliche Wesen und haben einen starken Bezug zu den Elementen. Sie lieben alle vier Elemente, aber vor allem die Erde hat es ihnen angetan. Schon als Baby versuchen sie, die Erde zu erkunden – oft ganz unmittelbar, indem sie sie in den Mund nehmen. Ein paar Krumen aus dem Garten können dabei kaum schaden. Das kann sogar die Abwehrkräfte steigern.

Halt geben durch Konfliktbereitschaft

Die 6-jährige Andrea läutet unter viel Geschrei an der elterlichen Haustür Sturm. Ihr Vater Herbert ist sehr erschrocken und eilt zu seiner Tochter. Besorgt befragt er sie, ob etwas passiert sei. «Dielassenmichnichtmitfahrn», platzt es aus der Kleinen heraus. Er muss sie auffordern, sich zu wiederholen, um etwas zu verstehen, und versucht Andrea zu beruhigen. «Die lassen mich nicht mitfahren und sind so gemein zu mir, aber das ist doch unser Wägelchen!», sagt sie, noch immer ganz erzürnt. «Wer sind denn die?», fragt Herbert. «Die Julia und der

Hannes», antwortet Andrea. «Ah», entfährt es Herbert, «deine Schwester ist auch dabei.» «Genau, und die sind so gemein», heult Andrea los.

Herbert macht sich mit seiner Tochter auf den Weg zu dem kleinen Hügel, von dem die Kinder sehr gerne mit einem alten Leiterwagen hinunterfahren. Die 8-jährige Julia und ihr gleichaltriger Freund Hannes sind gerade dabei, mit Karacho den Berg hinabzuschießen. Herbert winkt die beiden zu sich. Als sie bei ihm ankommen, beklagt Andrea sich aufs Neue darüber, ausgegrenzt zu werden. Die große Schwester ist genervt: «Immer muss ich auf meine kleine Schwester aufpassen», beschwert sich Julia. Herbert kann seine beiden Töchter gut verstehen: Andrea will begreiflicherweise überall dabei sein, aber Julia braucht auch einmal ihre Ruhe von der kleinen Schwester.

«Wenn ich nicht mehr weiterweiß, gehe ich zum Papa. Der ist immer für mich da.»
Andrea, 6 Jahre, Tochter von Herbert

«Gut», sagt er, «ich fahre jetzt mit Andrea eine Viertel-Stunde mit dem Leiterwagen, dann könnt ihr ihn wiederhaben.» Julia will zu einem Protest ansetzen, aber die Entschlossenheit ihres Vaters ist unübersehbar, sodass sie den Kompromiss widerwillig akzeptiert. Hannes, der schnell begriffen hat, was los ist, zieht Julia schon zur großen Sandkiste, bereits eine bessere Spielidee im Kopf.

Herbert und Andrea fahren ganz oft den Hügel hinunter, begleitet von Andreas gellenden Schreien. Dass aus der Viertelstunde eine halbe geworden ist, ist kein Problem. Hannes und Julia haben derweil eine fantastische Sandburg gebaut.

Indem Herbert diese «banale» Situation also durch einen Kompromiss mit geringem Aufwand entschärft hat, ist Andrea nicht nur in den Genuss gekommen, Leiterwagen zu fahren. Sie wurde darin bestätigt, dass sie auf ihren Papa zählen kann, wenn sie ihn braucht. Sie hat Halt und Sicherheit erfahren, dabei aber auch gelernt, den schwesterlichen Raum zu respektieren.

Natürlich geht es nicht darum, ununterbrochen für Ihr Kind Psychologie da zu sein. Das ist gar nicht möglich. Doch das Gefühl, in den entscheidenden Momenten zu Ihnen gehen zu können, ist für Ihr Kind sehr wichtig. Dadurch erfährt es Halt, aus dem es mit der Zeit seinen eigenen inneren Halt entwickeln kann. Manchmal genügt es vielleicht, wenn Sie Ihrem Kind einen guten Rat geben, manchmal reicht das jedoch nicht aus. Dann müssen Sie mit ihm gemeinsam (und vor Ort) das Problem klären. So wie es Herbert getan hat. Vielleicht erscheint Ihnen die eine oder andere Situation banal. «Da muss man sich doch nicht so anstellen» – dieser Gedanke kann Ihnen schon einmal kommen. Aber Ihr Kind braucht Ihre Unterstützung, damit seine Welt in Ordnung bleibt und damit es langsam lernt, dass es einen Teil seiner Welt selbst gestalten kann.

Als Baby und Kleinkind braucht Ihr Kind Ihren Halt vor Alter allem körperlich. Wenn es älter wird, sind Sie und Ihre Frau gefordert, um ihm in schwierigen Situationen den Rücken zu stärken.

Wie geben Sie den richtigen Halt? Lassen Sie Ihr Kind Wie schon als Baby und Kleinkind erfahren, dass es sich in Ihren Armen sicher fühlen kann. Später müssen Sie dann abwägen, in welchen Situationen Ihr Kind alleine zurechtkommt und in welchen es Ihre Unterstützung braucht.

Der Halt, den Sie geben, und die Eigenständigkeit, die Sie Gefahren Ihrem Kind zugestehen, müssen im Gleichgewicht sein. Mal braucht Ihr Kind mehr Halt und dann wieder mehr Eigenständigkeit.

Halt geben kostet Kraft und ein Sicheinlassen auf Ihr Kind. Aufwand Wenn Ihr Kind Ihren Halt gerade ablehnt, obwohl es ihn braucht, müssen Sie dranbleiben, auch wenn Sie dann für kurze Zeit nicht sein «lieber» Papa sind.

Für Ihr Kind sind Sie und Ihre Frau der sichere Hafen! Es fühlt sich jedoch auch in sich selbst geborgen, wenn es durch Sie ausreichend Halt erfährt.

Lachen verbindet

Die 7-jährige Lilian ist Balletttänzerin. Seit zwei Jahren besucht sie zweimal wöchentlich den Ballettunterricht. «Alles freiwillig. Meine Frau und ich zwingen sie überhaupt nicht dazu», berichtet Ferdinand. Elfengleich bewegt sie sich, grazil und voller Eleganz. Im Wohnzimmer übt sie die Schritte aus dem Ballett nach selbst gewählter Musik. Neulich hat sie im CD-Schrank der Eltern ‹Eine kleine Nachtmusik› von Wolfgang Amadeus Mozart entdeckt. Klassische Musik gefällt ihr sehr gut. Aber heute ist es ihr alleine zu langweilig, und so bittet sie ihren Vater, der zufällig im Zimmer ist, mitzumachen.

«Lachen mit Papa macht glücklich.»
Lilian, 7 Jahre, Tochter von Ferdinand

Ferdinand ist eher ungelenk und hat nichts Graziles an sich. «Von mir hat sie das Elfenhafte sicher nicht», denkt er des Öfteren. Aber er will kein Spielverderber sein. Er zieht seine Hausschuhe aus und tänzelt à la Charlie Chaplin auf seine Lilian zu. «Das ist doch nicht Ballett, Papa», ruft sie erbost. «Habe ich auch nie behauptet», antwortet Ferdinand und wird in seinen Bewegungen noch clownesker. Mit hängenden Schultern schlurft Ferdinand auf sie zu, die Zehenspitzen bewegen sich im Takt der Musik und ein zufriedenes Lächeln macht sich auf seinem Gesicht breit. Seine Augen blitzen. Ferdinand holt eine rote Rose aus der Vase, um sie seiner Tochter zu reichen, und spielt dabei den Tollpatsch.

Gekonnt verheddert er sich und fällt direkt vor Lilians Füße. Die kann sich vor Lachen kaum mehr halten, Tränen schießen ihr in die Augen und sie kugelt sich auf dem Teppich. «Hi, hi, hi … Ich kann nicht mehr», ist immer wieder von ihr zu hören. Das Lachen seiner Tochter steckt Ferdinand an und bald liegen beide ganz erschöpft am Boden. «Damit können wir im Zirkus auftreten», meint Lilian immer noch glucksend, als sie langsam wieder zu Atem kommt. «Genau», sagt Ferdinand, «wir nennen die Nummer ‹Die Prinzessin und der Clown›.»

Mit Humor ermöglichen Sie Ihrem Kind, die Perspektive zu wechseln. Geht Ihr Kind beispielsweise eine Sache zu verbissen an, ist es manchmal sinnvoll, diese eindimensionale Sichtweise mit einer Blödelei aufzulockern.

Es gibt nichts Schöneres, als gemeinsam zu lachen. Es ist nicht Psychologie nur körperlich gesund, es fördert auch die Gemeinschaft. Im gemeinsamen Lachen drücken Sie und Ihr Kind gegenseitige Zuneigung und gegenseitiges Vertrauen aus. Sie erreichen eine gemeinsame Wellenlänge, die auch dann noch tragen kann, wenn Sie und Ihr Kind eine konfliktreiche Zeit erleben. Wenn Sie viel gemeinsam gelacht haben, dann können Sie darauf in schwierigen Zeiten zurückgreifen. Zum Beispiel in der Pubertät.

Kleinkinder können über Kleinigkeiten spontan in schal- Alter lendes Gelächter ausbrechen – da genügt ein Wort, eine Berührung, eine Geste. Der Sinn für sprachlichen Humor und Komik entwickelt sich erst um das fünfte Lebensjahr. Ab diesem Alter vergnügen sich Kinder auch an Witzen und beginnen selbst welche zu erzählen.

Wie finden Sie zum Lachen? Das Wichtigste ist: das La- Wie chen wieder zuzulassen. Beobachten Sie doch einmal, wie viele ganz alltägliche Szenen voller Humor und Witz stecken. Am besten gemeinsam mit Ihrem Kind. Als Erwachsener ist es manchmal hilfreich, sich ganz gezielt mit dem Lachen auseinanderzusetzen. Schauen Sie sich Filme von Charlie Chaplin an, besuchen Sie die Clowns im Zirkus, lesen Sie Comics. Aber bedenken Sie, Lachen kann nie erzwungen werden. Es kann sich nur in einem entspannten, leichten Spielraum entwickeln, in dem ein guter und zugewandter Kontakt möglich ist.

Literaturvorschlag Blättern Sie doch einmal in den Comics von Bill Watterson, seine Reihe über «Calvin und Hobbes» ist einfach sensationell. Oder lesen Sie sich gegenseitig Witze vor. Hans Gärtner (2005): Leselöwen Kinderwitze. Loewe Verlag.

Gefahren Lehren Sie Ihr Kind auch den Unterschied zwischen «mit jemandem lachen» und «über jemanden lachen». Es ist nichts dagegen einzuwenden, sich gegenseitig auf die Schippe zu nehmen und dem anderen in liebevoller Art und Weise den Spiegel vorzuhalten, aber richtig ausgelacht zu werden, das tut weh.

Aufwand Achtung: Lachen kann das Zwerchfell erschüttern.

Lachen verbindet, das ist eine alte Weisheit. Wussten Sie, dass Kinder bis zu sechs Jahren noch 400-mal am Tag lachen, während es Erwachsene nur noch 20-mal tun? Und das, obwohl Lachen so gesund ist! Lachen aktiviert das Immunsystem, hilft Stress abzubauen und senkt den Blutdruck. Lachen vertreibt Kopfschmerzen, chronische Angst und psychische Probleme. Mein Appell an Sie: Lachen Sie mit Ihrem Kind so oft wie möglich.

Selbstvertrauen stärken

Für sein Alter kann der 6-jährige Horst schon sehr gut schwimmen, schließlich geht er mit seinem Vater oft ins Freibad am See. Zu zweit schwimmen sie gerne zum Floß hinaus, immerhin rund 100 Meter vom Ufer entfernt. Auf dem Floß sieht Horst die älteren Jungen herumtollen und auf verschiedenste Weise und mit mehr oder weniger Gespritze ins Wasser springen. Horst gefällt dieses Springen, doch bisher hat er sich nicht getraut. Er versucht es immer wieder, läuft an – und im letzten Moment verlässt ihn der Mut. Horst ist richtig verzweifelt. Bisher glaubte Horsts Vater Anton, dass es für seinen Sohn noch zu früh sei, ins Wasser zu springen. Doch wenn er ihn genau ansieht, dann ist er in den letzten Monaten kräftig gewachsen. Körperlich traut er es ihm durchaus zu. Anton spürt die Zweifel und Ängste seines Sohnes und heute ist der Tag, etwas dagegen zu tun. «Komm, wir springen gemeinsam», sagt er zu Horst. «Au ja!» Sein Sohn ist Feuer und Flamme. Anton nimmt Horst an die Hand, sie laufen aufs Wasser zu. Anton spürt den Widerstand seines Sohnes, er überlegt kurz, ob er weiterlaufen und ihn mit sich ins Wasser ziehen soll. «Besser nicht!», denkt er in Sekundenbruchteilen. Er stoppt ab, erleichtert bleibt auch sein Sohn stehen. Anton beugt sich zu Horst hinunter und schaut ihm tief in die Augen. «Das macht gar nichts, wir müssen es nicht erzwingen», sagt er. Er weiß jetzt auch genau, warum er nicht weitergelaufen ist. «Ins Wasser zu springen, egal in welches, muss immer die eigene Entscheidung sein. Mein Sohn soll Freude am Wasser haben, ob und wann

«Papa ist immer für mich da!»
Horst, 6 Jahre, Sohn von Anton

er hineinspringt, spielt keine Rolle», denkt er, «das habe ich gerade noch rechtzeitig erkannt!» Aber er spürt auch die Zerrissenheit seines Sohnes.

«Kannst du dich erinnern, wie du früher immer vom Tisch in meine Arme gesprungen bist?», fragt er seinen Sohn. «Klar», antwortet Horst. «Das hast du dich am Anfang auch nicht getraut. Dann hat es dir viel Spaß gemacht», sagt Anton. «Pass auf, ich gehe jetzt ins Wasser, ganz nahe an das Floß. Und du springst. Einfach nur zu mir hin. Ich kann dich nicht auffangen, dafür bist du schon zu schwer. Du springst also ins Wasser. Aber ich bin dann sofort bei dir. Willst du es so einmal versuchen?» Sein Sohn denkt nach. «Ja, so machen wir's.» Anton springt ins Wasser und bleibt etwa drei Meter vom Floß entfernt. Horst läuft an, bremst ab. Tränen schießen ihm in die

Augen. «Macht nichts!», ruft sein Vater. «Es muss nicht heute sein.» Anton will schon zum Floß schwimmen, da sieht er, wie sein Sohn noch einmal Anlauf nimmt. Er bremst nicht und … springt. Anton taucht mit ihm unter. Er sieht seinen Sohn unter Wasser. «Das schaff ich allein», sagt Horsts Körpersprache. So bleibt Anton einfach in Bereitschaft. Beide tauchen auf, prustend vor Lachen. Bevor sie zum Ufer schwimmen, springen sie doch noch Hand in Hand ins Wasser.

Wahrscheinlich kennen auch Sie Kinder, die die Liebe zum Wasser verloren haben, weil man sie zu früh ins Wasser «warf». Anton ist es hier gelungen, den richtigen Zeitpunkt abzupassen, an dem Horst bereit ist ins Wasser zu springen. Bei wichtigen Entwicklungsschritten müssen Sie als Vater ein Gefühl dafür haben, wann die Zeit für Ihr Kind reif ist. Wenn Sie zu früh Druck machen, leidet das Vertrauensverhältnis zu ihm.

Psychologie und Alter Selbstvertrauen entsteht durch Präsenz und Haltgeben. Schon als Baby spürt Ihr Kind Halt und die Sicherheit, die es von Ihnen als Vater erfährt. Vertrauen wächst über die Jahre und verändert sich. Das Vertrauen Ihres Kindes in Sie ist ein Grundpfeiler für sein Selbstvertrauen.

Literaturvorschlag Karl Gebauer, Gerald Hüther (2004): Kinder brauchen Vertrauen. Erfolgreiches Lernen durch starke Beziehungen. 2. Auflage, Patmos Verlag.

Gefahren Schon im Baby- und Kleinkindalter braucht Ihr Kind Halt, später benötigt es darüber hinaus noch mehr: klare Grenzen und Begleitung bei schwierigen Dingen. Die Gefahr besteht darin, dass Sie Ihrem Kind zu viel abnehmen und es nicht erfahren kann, wie es ist, auf sich selbst zu vertrauen.

Aufwand Vertrauen ist unbezahlbar!

Das Gefühl, dass der Vater immer da ist, ist für das Kind sehr wichtig. Es geht hier nicht um eine Erreichbarkeit rund um die

Uhr, sondern um die Gewissheit: «Wenn ich ihn brauche, kann ich auf ihn zählen.»

Geduld für gemeinsames Lernen

Die 9-jährige Judith ist eine gute Schülerin, außer in Mathematik. Gerhard ist oft ganz ratlos, weil er weiß, dass sie sehr viel lernt, aber in Mathe gerade so durchkommt. Der Gymnasiallehrer hat Mathematik studiert und so kämpft er sehr damit, dass seine Tochter in diesem Fach «grottenschlecht» ist. Er tröstet sich damit, dass sie immerhin versucht, ihr Bestes zu geben. Doch manchmal verzweifelt er regelrecht, wenn Judith nicht einmal die einfachsten Textaufgaben lösen kann. «Wo soll das nur enden?», fragt er sich dann. Laut würde er das natürlich nie sagen. Er liebt seine Tochter und möchte sie um keinen Preis entmutigen. So sitzen die beiden oft beisammen und büffeln Mathe. Gerhard muss sich dann sehr zusammenreißen. Seine Geduld wird auf eine harte Probe gestellt. «Begreif doch endlich, so schwer ist das doch gar nicht», würde er am liebsten rufen, doch er bleibt ruhig und erklärt noch einmal al-

«Papa weiß das!»
Judith, 9 Jahre, Tochter von Gerhard

les von vorne. Und wieder versteht Judith es nicht. Sie hasst diese Stunden noch viel mehr als ihr Vater. So gerne würde sie einfach mit Mathe spielen, wie ihr Papa eben, der so gescheit ist. Aber für sie ist dieses Fach ein Buch mit sieben Siegeln.

Judith hat letzten Herbst im Garten ein eigenes Blumenbeet angelegt. Die Tulpen sind wirklich gut gewachsen. Stolz zeigt sie sie ihrem Vater. Gerhard kann mit Blumen nicht viel anfangen. Doch seinem Töchterchen zuliebe betrachtet er sie ausführlich. «Wow, das sind schöne Blumen, die 22», sagt er, die Mathematik auch nicht vergessend, wenn es um Tulpen geht. «23», sagt Judith. Gerhard zählt noch einmal nach, er hat sich wirklich geirrt. «Stimmt, 23», fügt er hinzu, mühsam darauf bedacht, den Ärger über seinen Fehler nicht zu zeigen. Judith merkt es trotzdem und kichert verlegen.

Diese Erfahrung lässt Gerhard umdenken. Er hofft, dass noch nicht alles vergeben ist, und überlegt sich eine Eselsbrücke für das gemeinsame Lernen. Indem er sich also darum bemüht, das Lernverhalten seiner Tochter zu berücksichtigen, gelingt es ihm, den inneren Druck zu senken, den er durch seine eigenen Ansprüche auf Judith ausübt. Von jetzt an baut er immer Beispiele mit Blumen und anderen Dingen aus der Natur in die Übungsstunden ein. Und siehe da, wenn sich Judith die Dinge bildlich vorstellen kann, ist es ihr fast immer möglich, die Aufgaben richtig zu lösen, auch wenn sie dafür im Vergleich zu ihren Schulkameradinnen etwas länger braucht. Gerhard ist stolz auf Judith. «Du bist eben ein visueller Typ», meint er zu ihr.

Wird Gerhard jetzt bei schwierigen Rechenaufgaben mit seiner Tochter etwas ungeduldig, sagt Judith nur: «Ich bin eben ein visueller gärtnerischer Typ», dann sehen sich die beiden an und lachen.

Psychologie Beim schulischen Miteinanderlernen müssen Sie als Vater die Schwächen Ihres Kindes akzeptieren, ohne seine Stärken aus dem Auge zu verlieren. Das gelingt nur, wenn Sie sich wirklich mit Ihrem Kind auseinandersetzen. Wenn Sie beginnen, die Fähigkeiten ihres Kindes realistisch einzuschätzen und es beständig ermutigen, dann können das gegenseitige Vertrauen und die gegenseitige Zuneigung wachsen und gedeihen.

Alter Ihr Kind kann – und wird – sein ganzes Leben lang von Ihnen lernen.

Wie Wie finden Sie das richtige Lernthema? Sie als Vater sind ein Lehrmeister für Ihr Kind, dabei wechseln die Inhalte ständig. Folgen Sie den Herausforderungen des Lebens, begleiten Sie Ihr Kind bei seiner Entwicklung, und vor allem: Hören Sie zu! Dann sind Sie auf dem richtigen Weg.

Lernen im Fach «Leben» braucht freien Raum, in dem es ungehindert in immer neue Bereiche vorstoßen kann. Schulisches Lernen erfordert darüber hinaus Organisation, den richtigen Umgang mit Zeit und Prioritäten sowie realistische Zielsetzungen. Informieren Sie sich, mit welchen Lehrmethoden in der Schule unterrichtet wird. Irritieren Sie Ihr Kind nicht dadurch, dass Sie beim Lernen mit ihm eine andere Methode anwenden. Zerlegen Sie den Lernstoff in überschaubare Portionen, die leicht zu bewältigen sind. Achten Sie dabei auf den pädagogischen Viererschritt: Theorie, Beispiele, Aufgaben, Lösungen. Haben Sie Geduld mit Ihrem Kind und setzen Sie es nicht unter Druck.

Gerade schulisches Lernen kostet schon auch Nerven und so manches graue Haar.

Das Lernen mit ihren Vätern ist für Kinder nicht auf das schulische Lernen beschränkt – schließlich gilt es, die ganze Welt zu entdecken. Allerdings wird das Lernen für die Schule zu den meisten Auseinandersetzungen führen. Vielleicht liegen die Stärken Ihrer Frau auf einem anderen Gebiet als Ihre eigenen, so können Sie sich ergänzen und Ihr Kind umfassend unterstützen.

Die Liebe wächst mit ihren Aufgaben

Eduard ist vier Jahre alt. Er ist ein aufgeweckter, lebendiger Junge, der ganze Stolz seines Vaters. Heute Nacht ist Walter, Eduards Vater, an dessen Bettchen geschlichen. Der Mondschein fällt durchs Fenster und beleuchtet das Gesicht seines schlafenden Sohnes. Friedlich liegt er da. Wenn Walter ihn ansieht, dann spürt er ein so unbeschreibliches Glück, dass es fast wehtut.

Beim Betrachten seines schlafenden Sohnes sind plötzlich

Bilder da, eine Art Zeitreise seines Vaterseins. Er sieht den Moment, als seine Frau und er beschlossen haben, nicht mehr zu verhüten. Ein bisschen mulmig war ihm damals schon. So hundertprozentig überzeugt war er auch nicht. Doch Else wollte unbedingt Mutter werden und er konnte seiner Frau noch nie einen Wunsch abschlagen. Er erinnert sich, wie sie ihm dann sagte, dass sie schwanger sei. Die Freude war riesengroß und gleichzeitig hatte er Bammel, ob er das denn schaffen würde.

Bei der Geburt war er natürlich dabei. Als ihm die Krankenschwester den neugeborenen Jungen in den Arm legte, da spürte er es schon, sein Vaterglück. Ein Blickwechsel mit Else, und es war klar: Jetzt sind wir eine Familie!

Obwohl, wenn er so darüber nachdenkt: Richtig gewachsen ist seine Liebe zu seinem Sohn erst mit der Zeit. Das Baby Eduard hat er in die Luft geworfen und sich an seiner Fröhlichkeit erfreut. Im ersten Lebensjahr ist es hauptsächlich bei seiner Mutter gewesen, so oft, dass Walter schon mal eifersüchtig war. Doch dann lernte Eduard laufen – an seinen Händen. Und er hat die ersten Worte gesprochen. Das vierte Wort war «Auto», da war der Vater besonders stolz. Und wie Eduard dann beim Nachhausekommen immer in seine Arme gelaufen ist! «Was wohl aus uns beiden noch wird?», fragt er sich.

«Manchmal tut es fast schon weh, so lieb hab ich den kleinen Kerl.»
Walter, Vater von Eduard, 4 Jahre

Zärtlich streicht er seinem Sohn über den Kopf. Dann geht er ganz leise aus dem Zimmer.

Psychologie Manchmal heißt Vatersein nichts weiter als: Gefühle zuzulassen. Liebe ist nicht alles, aber ohne Liebe ist alles nichts. Es geht nicht darum, Ihr Kind in Zuneigung zu ersticken. Wichtig ist, dass Sie das innere Band zu Ihrem Kind wahrnehmen. Manche Väter tun sich schwer, ihre Liebe zu zeigen. Andere Väter vergessen vor lauter Liebe, ihr Kind in die Selbständigkeit zu entlassen.

Schön ist es, wenn Sie von Anfang an Ihre Liebe zu Ihrem Alter
Kind spüren. Viele Männer entdecken ihre väterliche Zuneigung erst mit fortschreitender Entwicklung ihres Kindes: wenn
es zu sprechen beginnt, wenn es zu laufen anfängt, wenn man
etwas mit ihm unternehmen kann. Auch das ist in Ordnung.
Die Liebe, die Sie mit Ihrem Kind leben können, gibt Ihnen
dann auch die Kraft, sein oft schwieriges Verhalten in der Pubertät auszuhalten.

Wie finden Sie den richtigen Weg, Ihre Liebe zu zeigen? Wie
Vielleicht denken Sie, dass Männer ihre Gefühle nicht in der
Öffentlichkeit zeigen sollen. Ich möchte Sie dazu ermutigen,
Ihren Impulsen nachzuspüren und ihnen nachzugeben. Wenn
Sie das Bedürfnis haben, Ihr Kind zu umarmen, dann tun Sie
es. Achten Sie aber darauf, ob Ihr Kind das auch will.

Liebe ist nichts, was sich organisieren lässt. Zuneigung ent- Organisation
steht, sie wächst und verändert sich. Das kann sie jedoch nur,
wenn Sie ausreichend Kontakt und genügend Begegnungen
mit Ihrem Kind haben.

Liebe ist eine Sphäre, in der materielle Werte nicht mehr Aufwand
wirklich zählen.

Im Grunde ist es sehr einfach: Ohne Liebe, ohne Zuneigung
ist ein Vatersein, das seinen Namen auch verdient, nicht möglich. Um das Überleben der Menschheit zu sichern, war der
Mann in der Urzeit darauf programmiert, mit verschiedenen
Partnerinnen möglichst viele Nachkommen zu zeugen. Die
Männer jagten und zogen umher, die Frauen sammelten und
zogen die Kinder auf. Irgendwann beschloss ein Mann, zu einer bestimmten Frau und ihren Kindern zurückzukehren. Das
war der Beginn der sozialen Vaterschaft. Nur wenn Sie sich für
Ihr Kind entschieden haben, können Sie die Zuneigung und
die Liebe zu Ihrem Kind leben.

Raufen, fair und gerecht

Olav und Lukas sind ein Herz und eine Seele. Olav leitet eine Vermittlungsagentur für Schauspieler und ist ganz verliebt in seinen 4-jährigen Sohn. Seit gut einem Jahr stehen nicht nur Kuscheln und Schmusen auf dem Programm, sondern auch Raufen. Olav achtet darauf, dass die Impulse von seinem Sohn kommen. Wenn er das Gefühl hat, dass Lukas gerade Lust auf Raufen hat, geht er darauf ein.

Olav ist überrascht davon, wie stark Lukas im letzten Jahr geworden ist. «Der wird später ganz sicher seinen Mann stehen», denkt er voller Stolz. Heute ist es wieder ein solcher Moment. Lukas steht selbstbewusst vor Olav, blickt ihn herausfordernd an und sagt: «Komm schon, Papa!» Dabei baut er sich in Kampfposition vor ihm auf. «Heute besiege ich dich.» – «Das werden wir ja sehen!», sagt Olav und stürzt sich auf

«Heut' besieg ich dich, Papa.»
Lukas, 4 Jahre, Sohn von Olav

Lukas. Dieser quietscht vergnügt und schon rollen die beiden über den Wohnzimmerteppich. Mal ist Olav oben, dann wieder Lukas. Erst nimmt Olav Lukas in den Schwitzkasten, dann wieder umgekehrt. «Puh, der ist wirklich stark geworden», denkt Olav. «Ich muss schleunigst etwas für meine Fitness tun.» Langsam geht Lukas die Puste aus. Gerade drückt er seinen Papa zu Boden, da kann sich Olav – unter Vortäuschung größter Anstrengung – noch einmal befreien und packt Lukas. «Ich kann nicht mehr», sagt Lukas. «Dann hören wir für heute auf», sagt Olav. «Genau», meint Lukas. «Ich habe gewonnen!» – «Wer ist denn zum Schluss im Schwitzkasten gewesen?», fragt Olav. «Tja, ich», sagt Lukas. Dann meint er gönnerhaft: «Gut, unentschieden!»

Zufrieden gehen die beiden in die Küche, in der Bettina, Lukas' Mutter, ihren «starken Männern» einen Kakao macht. Beide wissen, dass Mama oft gar nicht hinschauen kann, wenn sie miteinander kämpfen. Sie hat immer ein wenig

Angst um Lukas. Doch davon lassen sich Olav und Lukas nicht beirren.

Raufen gehört unabdingbar zu einer klassischen Vater-Sohn- **Psychologie**
Beziehung und im Rahmen der Gleichberechtigung auch immer mehr zu einer guten Vater-Tochter-Beziehung. Durch diese spielerische körperliche Auseinandersetzung vermitteln Sie Ihrem Kind Zuneigung und Vertrauen, aber auch sichere Grenzen. Stärker sein ist erlaubt, Wehtun ist verboten! Keine Schläge ins Gesicht, kein Beißen und kein Kratzen. Wenn einer oder eine «Aufhören!» ruft, muss der andere sofort stoppen. Ihr Kind spürt auch Ihren Stolz auf seine wachsenden Kräfte.

Die Freude am lustvollen, spielerischen Miteinanderraufen **Alter** entsteht meist im Alter von zweieinhalb bis drei Jahren.

Welche Form des Raufens ist die richtige? Lassen Sie es sich **Welche** entwickeln. Meist geht es vom wilderen Knuddeln langsam über in ein Sich-gegenseitig-Wegdrücken, Den-anderen-auf-den-Rücken-drehen-Wollen, In-den-Schwitzkasten-nehmen-Wollen und so weiter.

Verena Sommerfeld, Barbara Huber, Heidi Nicolai (2002): **Literaturvorschlag** Toben, raufen, Kräfte messen. Ideen, Konzepte und viele Spiele zum Umgang mit Aggressionen. 3. Auflage, Ökotopia Verlag.

Meist meldet sich Ihr Kind, wenn es zu einem Kampf auf- **Organisation und** gelegt ist. Wenn es Ihnen möglich ist, gehen Sie auf seinen **Gefahren** Wunsch ein. Genießen Sie diese spielerischen Auseinandersetzungen mit Ihrem Kind. Die einzige Gefahr besteht darin, dass trotz aller Vorsicht einmal etwas zu Bruch geht. Aber was zählt schon eine alte Vase, gemessen an der gesunden Entwicklung Ihres Kindes? – Alternativ können Sie natürlich auch im Garten, auf einer Wiese oder am Strand kämpfen. Auch Raufereien im flachen Wasser machen viel Spaß und sind eine spannende Herausforderung.

35

Es gibt Väter, die dazu neigen, ihre Tochter in Watte zu packen und alles von ihr fernzuhalten, was mit wildem Toben und Kämpfen zu tun hat, andere wiederum gehen mit ihrer Tochter um, als wäre sie ein Junge – vielleicht, weil sie sich so sehr einen gewünscht haben. Beide Haltungen stellen eine Gefahr da, weil sie dem Mädchen nicht wirklich gerecht werden. Wenn Sie die Impulse Ihres Kindes wahrnehmen und auch aufmerksam sind, wann Ihr Kind etwas beenden will, können Sie nichts falsch machen.

Aufwand   Das Raufen selbst ist kostenlos. Ersetzt werden muss gegebenenfalls nur die alte Vase.

Väter sind mit ihren Kindern meist wilder als die Mütter. Sobald sie zwei oder drei Jahre alt sind, entwickeln sich zwischen Kindern und Vätern kleine Rangeleien. Für die Entwicklung ist dieses Raufen sehr wichtig, weil das Kind dadurch einen kontrollierten Umgang mit seinen Aggressionen erlernt. So findet Ihr Kind auch einen Zugang zu Fairness und Gerechtigkeit.

Beständigkeit durch Alltagsrituale

Die 5-jährige Lili muss sich unter der Woche dem berufsbedingten Tempo anpassen, das ihre Eltern gezwungen sind vorzugeben. «Sie mag den Kindergarten, sie steht auch gerne am Morgen auf, aber die Hektik in der Früh tut ihr nicht gut», berichtet ihr Vater Balthasar. Lilis Eltern arbeiten beide in der Werbebranche, und so ist die Woche komplett durchstrukturiert, wie Balthasar erläutert: «Wir müssen uns enorm organisieren, damit wir Lili neben unserer stressigen Arbeit nicht vernachlässigen.»

An den Wochenenden gibt es keine Hektik mehr und die Kleine blüht unter der besonders intensiven Fürsorge ihrer Eltern richtig auf. Derweil die Mama, eine begeisterte Langschläferin, einmal in der Woche ihrer Leidenschaft frönt, ist der Samstagmorgen für Lili und ihren Papa reserviert. Der ist glücklicherweise ein Frühaufsteher, was der Aufgewecktheit seiner Tochter sehr entgegenkommt: «Es kann schon mal vorkommen, dass wir bereits um sechs Uhr im Wohnzimmer sind und miteinander spielen.»

«Samstagmorgen ist Papazeit!», Lili, 5 Jahre, Tochter von Balthasar

Zurzeit ist es für Lili das Größte, ihren Papa in die Welt der Puppen zu entführen. «Für einen großen Jungen stelle ich mich gar nicht so dumm dabei an, sagt Lili immer», verkündet Balthasar stolz. «In der letzten Zeit bauen wir sehr oft ein richtiges Schloss aus Decken und Stühlen für Lilis Puppen, und dann spielen wir Geschichten von Königinnen, Prinzessinnen, Rittern und Gefolge, die gefährliche Abenteuer bestehen.» «Der Papa kann so gut Stimmen machen», ergänzt ihn Lili. Vater und Tochter lachen.

«So um neun, halb zehn, machen wir dann Frühstück», erzählt Balthasar weiter. «Und dann wecken wir Mama», sagt Lili lachend.

Rituale geben Sicherheit bei fast allen Abläufen des täglichen Lebens. Sei es beim Aufstehen, beim gemeinsamen Essen und vor allem beim Zubettbringen Ihres Kindes – sei es bei Geburtstagen, den Jahreszeiten, gemeinsamen Festen und vielem mehr. Rituale fördern die Gemeinschaft und geben Orientierung. Bei Kindern können Rituale Ängste reduzieren.

Psychologie

Ihr Kind braucht Rituale mit Ihnen von Anfang an. Sehr wahrscheinlich haben Sie im Zusammensein mit Ihrem Kind schon viele unbewusste Rituale eingebaut. So wie Sie es begrüßen und verabschieden, wie Sie Körperkontakt mit ihm leben. Die Anforderung an Sie ist, diese Rituale mit dem Alter Ihres Kindes immer wieder zu verändern. Eine 12-Jährige möchte sicher nicht mehr allabendlich ins Bett getragen werden.

Alter

Wie   Wie finden Sie das richtige Ritual? Viele Rituale werden unbewusst von Generation zu Generation weitergegeben. Vergegenwärtigen Sie sich ruhig die Rituale, die Ihre Eltern mit Ihnen gelebt haben. Das eine oder andere Goldstück werden Sie dabei sicher finden. Reden Sie auch einmal mit Ihrer Ehefrau über Rituale. Gehen Sie gemeinsam auf Schatzsuche nach eigenen, individuellen Ritualen für Ihre Familie.

Literaturvorschlag   Petra Kunze, Catharina Salamander (2008): Die schönsten Rituale für Kinder. Gräfe und Unzer Verlag.

Gefahren   Achten Sie vor allem darauf, dass die Rituale, die Sie mit Ihrem Kind leben, altersgemäß sind. Entdecken und entwickeln Sie gemeinsam neue, spätestens dann, wenn Sie merken, dass Ihr Kind bei gewissen Ritualen nur noch Ihnen zuliebe mitmacht.

Aufwand   Rituale sparen Zeit und Energie. Sie zeigen uns, wie wir in bestimmten Situationen vorgehen können. Gewisse Rituale müssen entsprechend des Alters Ihres Kindes verändert und neu gestaltet werden – zum Beispiel: Aufweckrituale, Essensrituale, Zubettbringrituale und andere –, damit sich Ihr Kind wirklich gut entwickeln kann.

Rituale folgen einem festen Ablauf. Sie vermitteln Ihrem Kind Sicherheit und Orientierung, schenken ihm Geborgenheit und geben ihm Halt und Vertrauen. Rituale stärken die Gemeinschaft.

Spielplatz bedeutet Abenteuer

«Heute ist Samstag, da hat der Papa den ganzen Tag für mich Zeit!» Mit diesem Gedanken ist Matthias heute Morgen aufgewacht. Daher geht er auch gezielt ans Werk: Frühstück mit Mama und Papa, dann zum Spielplatz mit den beiden. Noch schnell alle Utensilien einpacken: Sandkübel, Schaufel und

Rechen. Den kleinen, weichen Ball, mit dem auch der Papa so gerne spielt. Die Mama macht noch ein paar Brote. «Für mich mit Nutella!», ruft Matthias. Dann geht es endlich los.

«Wir haben den schönsten Spielplatz der Welt», findet Matthias. Dort gibt es alles: einen riesigen Sandkasten, ein ganz tolles Klettergerüst. Am liebsten mag Matthias die Schaukeln. Leider sind die immer besetzt.

«Für meinen Sohn ist die ganze Welt ein Spielplatz.»

Heimo, Vater von Matthias, 4 Jahre

«Wieso haben die auch nur vier aufgestellt, wenn anscheinend alle Kinder von ganz Wien zur gleichen Zeit schaukeln wollen», denkt Heimo. «Nicht so schlimm, im Sand macht es mit dem Papa auch viel Spaß», findet sein Sohn. Heimo schlägt vor, einen Tunnel in den Berg zu bauen. «Au ja, Papa!», ruft Matthias. Mama hat es sich wie immer mit einem Buch auf der Bank bequem gemacht. «Aber zuerst gehen wir noch zum Klettergerüst», meint er. Heimo stimmt zu. Er hebt seinen Sohn hoch, damit er sich mit den Händen am Klettergerüst festhalten kann. Behände hangelt sich Matthias von Sprosse zu Sprosse, und das in zwei Metern Höhe. Doch Papa steht unten und wird ihn auffangen, wenn ihn die Kräfte verlassen. Matthias sieht aus den Augenwinkeln, dass eine Schaukel frei wird. «Fangen!», schreit er. Im selben Augenblick lässt er die Sprosse los, im vollen Vertrauen darauf, dass sein Vater ihn auffängt. Das tut er auch, wenn auch etwas überrascht aufgrund des blitzartigen Entschlusses. Gerade noch hat er seinen Sohn erwischt. Mit Schwung setzt er ihn auf den Boden. Kaum dort angekommen, läuft Matthias zur Schaukel, Heimo hinterher. Sekundenbruchteile vor Manuel, seinem ebenfalls 4-jährigen Kindergartenfreund, erreicht Matthias das begehrte Spielgerät. Freudestrahlend klettert er hinauf und meint gönnerhaft zu ihm: «Ich gebe dir ein Zeichen, wenn ich aufhöre, kannst du die Schaukel haben.»

Matthias beginnt zu schaukeln, «Papa, anschubsen!», fordert er bestimmt. Und Heimo schubst an. «Höher!», rufen beide gleichzeitig. So schwingt sich Matthias mit Heimos Hilfe so hoch hinauf wie noch nie.

Psychologie Auf dem Spielplatz sind Vater und Kind in ihrem Element. Gemeinsam klettern, schaukeln, etwas bauen. Alles ist möglich. Zuneigung und Vertrauen können sich hier besonders gut entwickeln. Sie als Vater können stolz darauf sein, was Ihr Kind schon alles kann. Und Ihr Kind ist stolz, wenn es Ihnen dies alles zeigen darf.

Alter Ab dem Kleinkindalter bis in die Grundschulzeit hinein lieben Kinder den Spielplatz.

Wie Wie finden Sie den richtigen Spielplatz? Besuchen Sie die Parks in Ihrer Umgebung. Fast alle haben Spielplätze! Reden Sie auch mit befreundeten Eltern, oft gibt es richtige Geheimtipps in Sachen Spielplätze. Fahren Sie ruhig auch einmal zu einem etwas weiter entfernten Platz, wenn dieser besonders attraktiv ist.

Organisation und Gefahren Die Spielplatzzeit ist für Vater und Kind begrenzt. Genießen Sie sie umso mehr. In dieser Zeit sind Sie meistens der absolute Held Ihres Kindes. Achten Sie aber darauf, dass die Anlagen gut gewartet sind, damit Ihrem Kind nichts passieren kann.

Aufwand Das Spielen auf dem Spielplatz kostet nichts, vielleicht ein Set Sandspielzeug, das schon ab 7 Euro zu haben ist.

Die meisten Väter haben selten Zeit, ihre Kinder zum Spielplatz zu begleiten. Aber wenn sie es tun, dann richtig. Väter sind mittendrin. Ob schaukeln, klettern, Sandburgen bauen – erwacht das innere Kind im Mann, kann er stundenlang mit seinem Kind spielen.

Den empfundenen Stolz zeigen

Der 12-jährige Vinzent liebt Fußball. Mit Beharrlichkeit und Training hat er sich einen Stammplatz in der Mannschaft seines Vereins erarbeitet. Sein Trainer hält ihn für ein großes Talent, das nur mental noch Schwierigkeiten hat, sein Potenzial wirklich umzusetzen. «Wenn es drauf ankommt, schaut er immer noch zu sehr auf die anderen. Manchmal müsste er einfach durchstarten und alleine aufs Tor ziehen», denkt sein Trainer.

Vinzents Vater Gerd ist Musiker. Er ist nicht begeistert vom Hobby seines Sohnes und sähe es lieber, dass dieser ein Instrument spielte. Doch Vinzent kann mit Musik nur we-

«Wenn nur der Papa stolz auf mich wäre!»
Vinzent, 12 Jahre, Sohn von Gerd

nig anfangen. Sein Trainer ist sehr einfühlsam und vermutet, dass die mentale Sperre viel damit zu tun hat, dass der Vater das Hobby nicht akzeptiert. Als es sich ergibt, spricht er mit Gerd und bittet ihn, doch einmal zu einem Spiel zu kommen. «Dieses blöde Dem-Ball-Nachjagen interessiert mich einfach nicht», ist das Einzige, wozu sich Vinzents Vater hinreißen lässt. Entmutigt gibt der Trainer auf. Doch das Gespräch wirkt in Gerd nach.

Am Sonntag gegen zehn Uhr packt Vinzent seine Sportsachen und will schon zum Bus gehen, weil um elf Uhr sein Spiel beginnt. Da steht Gerd mit ihm auf und meint: «Komm, wir fahren mit dem Auto.» – «Du kommst mit?», fragt Vinzent erstaunt. «Ja, ich möchte doch einmal sehen, wie gut du wirklich spielst.» Vinzent ist fassungslos, genau das hatte er sich immer gewünscht – allerdings schon lange nicht mehr zu träumen gewagt.

Gerd ist beeindruckt, wie nett Vinzents Fußballfreunde seinen Sohn begrüßen und welchen guten Stand er in der Mannschaft hat. Schon in der fünften Spielminute stürmt Vinzent allein aufs gegnerische Tor zu. Er trifft zwar nur den Pfosten, doch alle Zuschauer, das sind gar nicht so wenige, springen begeistert auf. Vinzents Vater auch. Er erzählt seinem Sitznachbarn sofort, dass das sein Junge ist, der den tollen Schuss gemacht hat. Das hört Vinzent natürlich nicht, aber er sieht, dass auch sein Vater mit den anderen aufgesprungen ist, und er spürt den Stolz wie eine Welle, die ihn umfasst. Vinzent schießt an diesem Tag unglaubliche drei Tore – und jedes Mal läuft er zu seinem Vater. Der ist froh, dass er über seinen eigenen Schatten gesprungen ist. Die Begeisterung für seinen Sohn und dessen Freude am Spiel ist so mitreißend, dass Gerd sich vornimmt, öfter mitzufahren.

Psychologie   Ihr Stolz auf Ihr Kind wirkt wie ein Katalysator auf sein Selbstvertrauen, wie ein Hinführen zum aufrechten Gang. Männer neigen dazu, ihren Stolz nicht zu zeigen. «Ist ja selbstverständlich», denken sie oft. Doch das ist es nicht.

Alter   Es ist nie zu früh und nie zu spät, Ihrem Kind Ihren Stolz zu zeigen. Während sich der Stolz fast von selbst einstellt, solange es klein ist, nehmen Väter ihn später vielleicht nicht mehr so deutlich wahr und neigen dazu, eher die Defizite ihres Kindes zu sehen. Ich möchte an Sie appellieren, auch die Stärken Ihres Kindes gebührend mit ihm zu feiern. So erwachsen kann Ihr Kind gar nicht sein, dass nicht ein anerkennendes Wort von Ihnen es beflügelt. Ihren Stolz braucht Ihr Kind sein Leben lang. Es beginnt, wenn Sie es als Säugling stolz der ganzen Welt präsentieren, und geht vielleicht bis an Ihr Totenbett, wenn Sie stolz daran zurückdenken, was Sie mit Ihrem Kind erlebt haben und was aus ihm geworden ist.

Wie   Wie zeigen Sie Ihren Stolz richtig? Lassen Sie den Stolz auf Ihr Kind zu: Applaudieren Sie ihm, klopfen Sie ihm auf die Schulter, machen Sie keinen Hehl daraus, dass Sie seine Leistungen schätzen. Es muss spüren, dass Sie stolz sind.

Gefahren   Manche Väter sind vor allem stolz auf Leistungen ihres Kindes, die sie selbst so gerne erbracht hätten. Bitte achten Sie darauf, dass Sie auch jene Leistungen Ihres Kindes sehen und wertschätzen, die nicht im Mittelpunkt Ihrer Interessen stehen.

Es kann sein, dass es Sie Überwindung kostet und Sie das Gefühl haben, alte Glaubenssätze aufzugeben, wenn Sie den Stolz, den Sie für Ihr Kind empfinden, zeigen – tun Sie es trotzdem!

Kinder brauchen die Anerkennung, mehr noch, den Stolz ihrer Väter. Der Stolz des Vaters auf sein Kind trägt wesentlich zur Entwicklung des kindlichen Selbstwertgefühls bei. Männer müssen manchmal über ihren Schatten springen, um ihren Kindern zu zeigen, dass sie stolz auf sie sind. Springen Sie!

Durch Trost Schmerzen lindern

Der 8-jährige Albin und sein Vater Felix sind begeisterte Heimwerker. Der 38-Jährige will heute mit seinem Sohn einen Parkettboden im Kellerraum verlegen. Zunächst müssen sie die 50 Millimeter dicke Korkschicht, die als Wärme- und Schallschutz dient, auf der großen Fläche aufbringen. Dazu rollen sie eine Bahn ab, schneiden die Korkbahn mit dem Stanleymesser zurecht und verlegen sie. Nachdem Albin genau gesehen hat, wie sein Vater die Bahn schneidet, will er es selbst versuchen. Felix ist skeptisch, denn so ein Stanleymesser ist verdammt scharf. Doch er weiß, dass sein Sohn sehr geschickt ist. Er zeigt ihm noch einmal genau, wie es geht, und übergibt ihm das Messer. Albin macht alles, wie es ihm der Vater gezeigt hat. Doch zum Schluss geht ihm die Kraft aus, er muss den Druck auf das Messer verringern und rutscht so unglücklich ab, dass er sich den Zeigefinger der linken Hand verletzt. Felix erschrickt bis aufs Mark. Albin ebenso. Beide sind bleich im Gesicht. Gott sei Dank ist der Schnitt nicht tief, doch

«Wenn Papa mich tröstet, vergeht der Schmerz von allein.»
Albin, 8 Jahre, Sohn von Felix

er blutet stark. Felix holt sofort den Verbandskasten, desinfiziert die Wunde und klebt ein Pflaster auf. Die Blutung ist gestoppt, die Wunde muss nicht genäht werden. «Noch einmal Glück gehabt!», denkt sich Felix.

Doch sein Sohn steht immer noch wie versteinert da, kreideweiß im Gesicht. Er hat die Schultern hochgezogen und atmet kaum. Als Felix das sieht, erschrickt er zum zweiten Mal. «Gut durchatmen!», fordert er ihn mit seiner ruhigen, tiefen Stimme auf. Albin atmet hörbar ein, gleichzeitig beginnen seine Schultern zu beben. «Das gefällt mir schon besser», meint Felix. «Da hast du dich aber gewaltig erschrocken!» – «Ja!», entfährt es Albin. Das Beben der Schultern wird stärker. «Das tut verdammt weh, gell?», meint sein Vater. Tränen schießen in die Augen seines Sohnes und er beginnt zu schluchzen. Liebevoll legt Felix seine Hand auf Albins Rücken, sein Weinen und Schluchzen schütteln ihn richtig durch. Schließlich nimmt Felix seinen Sohn fest in seine Arme und sagt ihm ins Ohr: «Weißt du, wenn es wehtut, dann soll man weinen. Auch wir Männer. Denn erst die Tränen waschen den Schmerz wirklich weg.» Damit hilft Felix Albin, seine Scham wegen der Tränen zu vergessen und den aktuellen Schmerz zu überwinden. Das Schluchzen des Jungen wird lauter und verebbt dann langsam. Durch ein Ruckeln der Schultern teilt Albin seinem Vater mit, dass es an der Zeit ist, ihn loszulassen. Als die beiden einander wieder ins Gesicht schauen, lächelt Albin schon wieder: «Es tut gar nicht mehr so weh.»

Psychologie Wenn sich Ihr Kind verletzt, körperlich oder seelisch, dann liegt es an Ihnen, es zu ermutigen, den Schmerz auszudrücken. Nur wenn er dies tun kann, muss Ihr Kind den Schmerz nicht im Körper festhalten und einsperren.

Alter Ihren Trost braucht Ihr Kind sein ganzes Leben lang, aber die Art des Tröstens muss natürlich dem Alter Ihres Kindes entsprechen.

Wie geben Sie den richtigen Trost? Wichtig ist vor allem, Wie die Fallstricke zu vermeiden. Das sind Aussagen wie: «Es tut schon nicht mehr weh!», «Indianer kennen keinen Schmerz», «Männer weinen nicht». Vertrauen Sie auf Ihre Einfühlsamkeit, die Sie in der jeweiligen Situation das Richtige tun lässt. Zeigen Sie Ihrem Kind, dass Sie mit ihm fühlen, denn geteiltes Leid ist halbes Leid. Und wenn es mit dem Vater geteilt werden kann, schrumpft es vielleicht sogar noch mehr.

Damit Sie trösten können, müssen Sie da sein – nicht nur Durchführung körperlich, sondern auch emotional. Ermutigen Sie Ihr Kind immer wieder, von sich und seinen Erlebnissen zu erzählen. Dann sind Ihre Chancen groß, dass es Sie auch an seinem seelischen Schmerz teilhaben lässt. Betrachten Sie das als Geschenk Ihres Kindes an Sie.

Trösten kostet Zeit und Offenheit, ein Sicheinlassen auf die Aufwand Gefühle Ihres Kindes.

Ihr Kind wird immer wieder in Situationen kommen, in denen es getröstet werden möchte – gerade von Ihnen. Sie als Vater sind Ihrem Kind ein Vorbild – auch in der Art, wie es sich dem Leben stellen und mit Schmerz und Leid auseinandersetzen kann, ohne den Mut zu verlieren.

Sommer

*Mit Kindern wird ein Sommer erst
zum Sommer. Die Kinder sprühen voller
Energie und Lebensfreude und die
langen Tage erlauben viele neue
Erfahrungen: Baden und zelten,
gemeinsam lachen und Eiscreme essen, Feuer
machen und Würstchen grillen.
Die Sommer mit Kindern machen Väter wieder jung und
lebendig. Dieser Jahresabschnitt gibt Raum für Begegnungen mit Verwandten und Freunden, es ist eine Zeit des
Hinausgehens. Begleiten Sie Ihr Kind dabei. Denn Sie
sind für Ihr Kind das Tor zur Welt. Besonderen Spaß bieten die
Sommerferien: Erlauben Sie Ihrem Kind ruhig einmal
länger aufzubleiben. Diese Tage laden förmlich ein zu genießen,
ein Picknick oder gemeinsame Reisen zu veranstalten. Vater
und Kind haben die Gelegenheit, Abenteuer zu erleben. Erfreuen
Sie sich mit Ihrem Kind an dieser Jahreszeit und machen
Sie sie zu einem Fest.*

Verwöhnen wie im Urlaub

Sandro hat es zurzeit nicht leicht. Der 14-Jährige ist in seinem geliebten Fußballverein vom Stammspieler zum Ersatzmann degradiert worden. Die Schularbeit in Mathe hat er ebenfalls verhauen. Und die Dame seines Herzens, Angelika, hat sich seinem besten Freund Herbert zugewandt. «Alles Scheiße!», denkt er.

Als er mittags nach Hause kommt, schleudert er erst einmal die Schultasche ins Eck. Ein strenger Blick seiner Mutter streift ihn. «Ja, ja, ich räume sie dann schon weg», brummt er in ihre Richtung. Dann stochert er im Mittagessen herum. Seinem Vater Jakob, der ausnahmsweise über Mittag zu Hause ist, gefällt das bleiche Gesicht seines Sohnes gar nicht.

«Manchmal ist mein Vater ziemlich cool.»
Sandro, 14 Jahre, Sohn von Jakob

«Komm mir jetzt ja nicht wegen Mathe!», fährt Sandro ihn an. «Das hatte ich gar nicht vor», antwortet der Vater besänftigend. «Du hast ja ganz schön viel um die Ohren», fügt er einfühlsam hinzu.

«Das hätte ich dem Alten gar nicht zugetraut, dass er das merkt», schießt es Sandro durch den Kopf. «Sonst macht er immer auf Durchhalten, du schaffst das schon und solchen Scheiß.» – «Weißt du was», meint Jakob, «heute Nachmittag gönnen wir uns beide eine Auszeit.» – «Was soll das sein?», fragt Sandro unwirsch. Insgeheim fragt er sich: «Was will er jetzt wieder von mir?» – «Ich rufe jetzt im Büro an, dass ich heute nicht mehr komme. Dann verbringen wir beide einen gemeinsamen Nachmittag», schlägt Jakob vor. «Und wenn ich nicht will?», kontert Sandro. «Ach, mir zuliebe», bittet Jakob. «Na gut, wenn dir so viel daran liegt», stimmt Sandro gönnerhaft zu.

«Billardsalon?», fragt Jakob. Ein Grinsen huscht über Sandros Gesicht. «Abgemacht!», antwortet er. Dann ziehen die zwei los. Zuerst in den Billardsalon, dann ins Eiscafé. Es wird ein recht lockerer Nachmittag, das Billardspiel geben sie bei vier zu vier auf. Nach dem Eiscafé gehen sie noch ins Kino. «Nur kein Liebesfilm!», meint Sandro. Sie landen dann in ‹A Beautiful Mind›. Vater und Sohn sind gleichermaßen beeindruckt.

Als sie den Tag in einem Chinarestaurant beschließen, ist es bereits zehn Uhr abends. «Super, so spät war ich noch nie mit dir unterwegs», meint Sandro. «Wetten, dass wir das auch einmal überbieten?», sagt sein Vater. «Aber nicht heute», antwortet Sandro, «mir fallen ja schon die Augen zu!» – «Komisch, das hätte ich gestern noch nicht zugegeben», denkt er sich. Gemütlich schlendern die zwei nach Hause. Natürlich haben sich Sandros Sorgen nicht in Luft aufgelöst. «Aber wenn man einen so coolen Vater hat, spürt man sie irgendwie nicht so stark», denkt er. «Egal, auch wenn er kein Mathematiker wird, er ist voll in Ordnung und die meiste Zeit mit ihm ist wirklich schön», geht es Jakob durch den Kopf.

Nicht die direkteste Lösung ist immer die beste. Anstatt also alles ergründen und beratschlagen zu wollen, was Sandro bedrückt, gibt Jakob seinem Sohn Freiraum, den Frust der vergangenen Tage zu leben und mit dem Verwöhnprogramm auch etwas zu vergessen.

Natürlich muss Ihr Kind Leistungen erbringen. Doch hin und **Psychologie** wieder ist es wichtig, den Druck herauszunehmen und einander ohne Forderungen zu begegnen. Vielleicht merken Sie dann, dass Ihr Kind ohnehin sein Bestes gibt. Betrachten Sie das Verwöhnen als eine Art Kurzurlaub, in dem Ihr Kind und auch Sie Ihre Batterien wieder aufladen können.

Während wir kleine Kinder sehr gerne verwöhnen, ver- **Alter** gessen wir es manchmal bei den größeren. Auch die brauchen es!

Wie verwöhnen Sie richtig? Sie als Vater kennen die Vorlie- **Wie** ben Ihres Kindes. Überraschen Sie es hin und wieder auch mit neuen Vorschlägen. An der Reaktion Ihres Kindes merken Sie, ob Sie das Neue zum Verwöhn-Ritual machen können.

Gefahren Vorsicht! Verwöhnen darf kein Dauerprogramm sein! Der Alltag – mit Leistung und Herausforderungen – ist eine Realität, die Ihr Kind meistern muss. Wenn es hin und wieder ein bisschen verwöhnt wird, geht das leichter.

Aufwand Damit Sie Ihr Kind verwöhnen können, müssen Sie sich damit auseinandersetzen, was es gerne mag. Das kostet Zeit und Hingabe. Bei einem Ausflug wie dem geschilderten auch etwas Geld.

Hin und wieder tut es Ihrem Kind gut, von Ihnen nach allen Regeln der Kunst verwöhnt zu werden. Wenn es zum Beispiel einmal mit leichtem Fieber im Bett liegt, versorgen Sie es mit seinem Lieblingsgetränk und Comics. Verwöhnt werden ist wie Urlaub zu Hause, jeder von uns braucht das ab und zu.

Als Vorbild Werte vermitteln

Otmar ist zwölf und zurzeit etwas orientierungslos. Seit zwei Jahren wohnt er in einem kleinen Dorf auf dem Land. Er hat es richtig schwer dort. Seine Klassenkameraden sind eine eingeschworene Gemeinschaft und er ist immer noch der Außenseiter. Seine Familie und vor allem sein Vater sind so damit beschäftigt, das neue Haus fertigzustellen, dass sie kaum Zeit für ihn haben.

Otmar vermisst das sehr. «Früher», denkt er, «da haben wir noch Ausflüge gemacht, wir sind baden gegangen oder haben Pilze gesucht. Jetzt arbeiten alle immer nur am Haus. Ich hasse dieses Haus!» Am nahen Baggersee findet Otmar dann doch eine Clique, der er sich anschließen kann. Er hat ja sonst niemanden. Otmar ist sehr feinsinnig – und diese neuen Freunde sind eher ein wenig grobschlächtig und großspurig. Er merkt schnell, dass die anderen Kinder aus seiner Klasse sie meiden. Doch er fühlt sich so einsam, dass er das außer Acht lässt, solange er nur endlich wieder «Freunde» hat.

Eines Nachmittags beschließen seine neuen Freunde, sich heimlich in der Nacht am See zu treffen, um ins örtliche Süßwarengeschäft einzubrechen und es auszurauben. Otmar hat ein mulmiges Gefühl, doch er will seine Gruppe nicht schon wieder verlieren.

«Wenn ich einmal groß bin, werde ich ein genauso guter Handwerker wie Papa.»
Otmar, 12 Jahre, Sohn von David

Es ist kurz nach Mitternacht, Otmar steht auf, zieht zur Tarnung schwarze Sachen an, klettert vom Balkon seines Zimmers auf das Garagendach und springt auf die kleine Straße vor dem Haus. Zum See führt ein Fußweg. Es ist Vollmond und der Weg ist gut sichtbar. Beim Gehen fallen ihm plötzlich viele Erlebnisse mit seinem Vater ein. Das gemeinsame Fußballspielen, Besuche mit seinem Vater im Gasthaus, wie er ihn voller Stolz seinen Freunden vorgestellt hat. Wie er mit dabei war, als sie den Baugrund für das Haus ausgesucht haben. Wie sein Vater den Mann zurechtwies, der Material vom Bauplatz stehlen wollte. Otmar bleibt stehen. Er entscheidet sich, bei dem Einbruch nicht mitzumachen. Er kehrt um und geht nach Hause.

Am nächsten Morgen steht er um 5.30 Uhr auf, einfach so. Sein Vater ist erstaunt, lächelnd gießt er ihm Kaffee ein – zum ersten Mal. «Uh, ist der stark», sagt Otmar. Er genießt es, mit seinem Vater hier zu sitzen. Liebevoll klopft Otmars Vater ihm auf den Rücken, bevor er zum Zug eilt. Er hat einen langen Arbeitstag vor sich. Otmar blickt ihm nach. Er ist stolz auf seinen Vater – einfach so.

In der Schule fehlen die Jungs, die kurzzeitig seine Freunde waren. In der Pause sickert langsam durch, dass sie in der Nacht von der Polizei bei einem Einbruch ertappt wurden. Otmar ist keiner von ihnen. Und das, weil er seinen Vater zum Vorbild hat.

Psychologie So wie Sie sind, verinnerlicht Sie Ihr Kind – und damit auch Ihre Normen und Werte. Wenn Ihr Kind Ihre Werte zu seinen macht und sich daraus eine innere Instanz zurechtzimmert, an der es sich orientieren kann, hat es beste Voraussetzungen dafür, dass sein Leben gelingen kann. In den entscheidenden Momenten wird es – wie Otmar – auf Ihr Wertegerüst zurückgreifen. Sie müssen nicht perfekt sein, es reicht, wenn Sie klar in Ihren Werten sind.

Alter Das Vorbildsein beginnt schon sehr früh. Mit drei, vier Jahren will Ihr Junge werden wie Sie. Ihrer Tochter leben Sie hingegen vor, wie ein Mann sein soll: Der Partner, den sich Ihre Tochter später einmal aussucht, wird sehr viele Ähnlichkeiten mit Ihnen aufweisen. Tochter und Sohn orientieren sich daran, wie ihr Vater in die Welt geht, wie er Beziehungen knüpft und lebt. In der Pubertät mag sich Ihr Kind gegen Sie auflehnen, doch tief in seinem Inneren wirkt Ihr Vorbild weiter, sein Leben lang.

Wie Wie werden Sie das richtige Vorbild? Sie sind es, ob Sie es wollen oder nicht.

Literaturvorschlag Wolfgang Kleemann, Traugott Kögler (2007): Erziehung braucht Vorbilder. Worauf man im Erziehungsalltag achten sollte. Aussaat Verlag.

Gefahren Das A und O ist Authentizität! Theater – selbst auf dem höchsten Niveau – durchschaut Ihr Kind. Vielleicht nicht mit dem Kopf, aber mit dem Herzen.

Aufwand Vorbildsein ist gratis, aber auch unvermeidbar! Oder wie Karl Valentin es ausdrückt: «Erziehung ist zwecklos, die Kinder machen den Erwachsenen ohnehin alles nach.»

Viel mehr als an dem, was Sie sagen, orientiert sich Ihr Kind an dem, was Sie tun. Sie sind das wichtigste Vorbild für Ihren Sohn und ein wichtiges Vorbild für Ihre Tochter. Sie als Vater geben Ihrem Kind die Orientierung, die es braucht, um aufrecht in die Welt zu gehen.

Zubettbringen

Saphira ist ein richtiger Sonnenschein, sowohl für ihre Eltern als auch für ihre Freundinnen und Freunde im Kindergarten. Nur am Abend, da wird sie manchmal traurig: «Weil der Tag schon wieder vorbei ist und ich noch so viel machen möchte und ich aber sooo müde bin.» Volker kennt das schon, «da wird aus meinem Sonnenschein manchmal eine Regenwolke». «Vor allem plagen sie dann Ängste, ich muss in den Schrank schauen und unters Bett, um verborgene Monster zu entdecken. Ich denke, das hat mit ihrer Entwicklung zu tun, meine Eltern haben mir erzählt, ich sei damals genauso gewesen.»

Saphira tut es gut, dass sich ihr Vater Zeit für sie nimmt. Volker bringt sie fast jeden Abend ins Bett. Nach Zähneputzen, Pyjama anziehen und dem Gute-Nacht-Kuss für die Mama springt Saphira in ihr Bett. Der Papa sitzt am Bettrand, Saphira kuschelt sich an ihn. Die beiden plaudern noch ein bisschen. Dann sucht sich Saphira eine Geschichte aus. Zurzeit ist Bibi Blocksberg angesagt, und

«Wenn mich Papa zu Bett bringt, dann schlafe ich immer ganz schnell ein.»
Saphira, 5 Jahre, Tochter von Volker

zwar Bibi als Prinzessin. Bevor Papa zu lesen beginnt – auch das gehört zu ihrem Einschlafritual –, umarmt Saphira ihn noch einmal so richtig, denn es kam schon vor, dass sie beim Lesen einschlief und dann fehlte ihr diese Umarmung.

Volker fällt es schwer, immer wieder dieselbe Geschichte mit Enthusiasmus zu lesen, doch weil er weiß, dass das Gleichbleibende Saphira Sicherheit gibt, überwindet er sich und gibt sein Bestes.

Gerade beim Zubettbringen ist es Vater und Kind oft möglich, **Psychologie** ihre Zuneigung zu zeigen. Im gemeinsamen abendlichen Gespräch wird Vertrauen aufgebaut und erneuert. Dieser Übergang vom Wachsein zum Schlafen ist eine sehr wichtige gemeinsame Zeit zwischen den beiden.

53

Alter   Je kleiner Ihr Kind ist, desto wichtiger ist es, dass es jemanden hat, der es bei diesem Übergang begleitet. In der ersten Zeit mag Ihr Kind vielleicht noch mehr die Mutter an seiner Seite haben. Doch spätestens mit vier, wenn sowohl Sohn als auch Tochter Gefallen an der männlichen Welt finden, wird sich Ihr Kind bei Ihnen sehr gut aufgehoben fühlen.

Wie   finden Sie die richtige Form? Haben Sie ein paar gute Kinderbücher zur Hand und folgen Sie den Vorschlägen Ihres Kindes. Töchter lieben oft Geschichten, die für Sie ein bisschen kitschig sind, lesen Sie sie trotzdem! Bringen Sie neue Vorschläge, wenn Ihr Kind gewisse Geschichten nicht oder nicht mehr mag. Aber akzeptieren Sie auch, wenn es immer wieder dieselbe Geschichte hören möchte. Diese Routine gibt Ihrem Kind Sicherheit in einer sich schnell wandelnden Welt.

Literaturvorschlag   Manfred Mai (2007): 1-2-3-Minutengeschichten für kleine Träumer. Ravensburger Buchverlag. – 3-Minuten-Geschichten für schöne Träume. Gondolino GmbH 2008. Gute Buchhandlungen haben immer eine eigene Kinder- und Jugendecke. Gehen Sie doch einmal mit Ihrem Kind dorthin und suchen Sie gemeinsam etwas Schönes aus.

Organisation und Gefahren   Achten Sie darauf, dass das Zubettbringen eine klare, gleich bleibende Abfolge hat. Kinder sind wahre Experten, das Schlafengehen hinauszuzögern. Setzen Sie hier eindeutige Grenzen. Wenn Ihr Kind erst einmal im Bett ist, können Sie die Zügel locker lassen. So hat es auch die Möglichkeit, Sorgen und Nöte, die es plagen, mit Ihnen zu besprechen.

Aufwand   Leisten Sie sich und Ihrem Kind ein paar schöne Bilder-, Märchen- und Sagenbücher; möglichst in gebundener Form.

Der Übergang vom Wachsein zum Schlafen ist für Kinder oft mit Ängsten verknüpft, vielleicht auch für Ihr Kind. Da tut es Ihrem Kind sicher gut, Sie an seiner Seite zu wissen, als Verbündeten gegen die Monster, die sich unter dem Bett verstecken könnten, als Firewall gegen schlechte Träume. Kuscheln,

plaudern, Geschichten vorlesen, so kann Ihr Kind gut einschlafen.

Aufrichtig zuhören

Als ich die 18-jährige Ruth einmal gefragt habe, was sie denn
an ihrem Vater besonders schätzt, hat sie geantwortet: «Dass er
mir zuhört und dass er mich ernst nimmt. Ich finde bei ihm
immer ein offenes Ohr, das ist mir sehr wichtig.» Das hat mich
neugierig gemacht.

Daraufhin habe ich mit ihrem Vater Otto, einem Hoch-
schullehrer, gesprochen. «Wie hörst du deiner Tochter zu?»,
habe ich ihn gefragt. «Tja, meine liebe Ruth ist wirklich eine
Plaudertasche. Da muss ich schon verdammt aufpassen, dass
ich nicht irgendwann abschalte und nur noch mit einem halben Ohr hinhöre.» Jetzt macht Otto eine Pause und denkt
nach. «Weißt du», sagt er, «das Wichtigste in der Begegnung
mit Ruth ist, mich selbst erst einmal zurückzustellen und einfach nur zu spüren, zu sehen, zu hören: Wie geht es
denn meinem Mädel? Das ist gar nicht

«Wenn Papa mir zuhört, habe ich oft
ganz tolle Ideen.»
Ruth, 18 Jahre, Tochter von Otto

so einfach. Manchmal gehen mir schwierige Studenten durch
den Kopf oder es beschäftigen mich irgendwelche Verwal-
tungssachen oder ich bereite gerade ein neues Seminar vor.
Doch wenn meine Tochter zur Tür hereinkommt, dann schiebe
ich das alles zur Seite.»

Otto macht eine Handbewegung, als würde er wirklich etwas wegschieben. «Dann bin ich nur für sie da.» Hier macht
Otto wieder eine Pause. «Zumindest die ersten Minuten», setzt
er dann nach, «bis ich weiß, wie es ihr geht und was sie von mir
braucht. Wenn ich merke, im Grunde ist alles in Ordnung, es
geht ihr gut, dann sage ich schon mal: ‹Also mein Schatz, ich
muss das jetzt zu Ende bringen, aber wenn du willst, können

wir in einer halben Stunde weiterreden oder etwas unternehmen.› Aber wenn es wirklich wichtig ist, wenn ich merke, dass Ruth meine Hilfe braucht, dann bin ich sofort und ohne Wenn und Aber für sie da.

Der entscheidende Punkt ist, mich ganz auf sie einzustellen, wenn sie zu mir kommt. Alles andere entsteht dann von selbst. Oder wir vereinbaren ein ‹großes Vater-Tochter-Gespräch›. Wir machen einen Zeitpunkt aus und einen Ort. Weißt du», erzählt Otto schwärmerisch, «das sind dann oft wirklich Glücksmomente, auch wenn die Themen schwierig sind, erste Liebe und Schluss und so, aber die Nähe, die ich da mit meiner Tochter leben kann, das ist Lebensglück.»

Psychologie Besseres Zuhören beginnt nicht mit irgendwelchen Techniken. Es beginnt mit Ihrem aufrichtigen Bemühen, aufmerksam wahrzunehmen, was in der persönlichen Erfahrungswelt Ihres Kindes vor sich geht. Ein erster Schritt ist getan, sobald Sie sich gewissenhaft bemühen, alles hintanzustellen, was Sie selbst auf dem Herzen haben, und sich ausschließlich auf das konzentrieren, was Ihr Kind zu sagen hat. Wenn Sie Ihrem Kind wirklich zuhören, stärken Sie auch sein Selbstbewusstsein und sein Selbstvertrauen. Bei Jungen besteht die Kunst des Zuhörens oft darin, sie zum Reden zu bringen. Wenn Sie merken, dass Ihr Sohn bedrückter, abwesender oder einfach anders ist als sonst, fragen Sie ihn einfach, zum Beispiel: «Was ist denn los, mein Großer?» Lassen Sie ihm Zeit, zur Sprache zu finden, und geben Sie sich selbst Zeit, gefühlsmäßig an ihn «anzudocken». Mädchen plaudern oft aus sich selbst heraus, achten Sie bei Ihrer Tochter jedoch auf ihre Körpersprache. Sie werden dann gut erfassen können, was ihr besonders wichtig ist, auch wenn sie es in einem lockeren Plauderton von sich gibt.

Alter Bei einem Baby und Kleinkind finden Sie durch Beobachtungen und durch Empathie heraus, was Ihr Kind von Ihnen braucht. Erst wenn es älter wird, können Sie sich auf seine

Worte verlassen. Ihre Bereitschaft zum Zuhören braucht Ihr
Kind sein Leben lang.

Wie hören Sie richtig zu? Üben Sie! Und experimentieren Wie
Sie! Wichtig ist, dass Sie sich selbst zurückstellen und sich auf
Ihr Kind konzentrieren.

Michael P. Nichols (2000): Die wiederentdeckte Kunst des Literaturvorschlag
Zuhörens. Klett-Cotta Verlag.

Oft verhindern Stress und Alltagstrott, dass man auf Sig- Organisation und
Gefahren
nale achtet, die nur zaghaft ausgesendet werden. Versuchen Sie
trotz vielfältiger Verpflichtungen die Befindlichkeit Ihres Kindes nicht aus den Augen zu verlieren und ein Gespür dafür zu
entwickeln, wann es Sie als Zuhörer braucht.

Aufmerksamkeit! Aufmerksamkeit! Aufmerksamkeit! – Aufwand
Und Zeit bei Bedarf.

Kinder leiden darunter, wenn ihnen ihre Väter nicht zuhören!
Hören Sie Ihrem Kind zu, Sie tragen damit entscheidend dazu
bei, ob es sich geborgen und aufgehoben fühlt – nicht nur bei
Ihnen, sondern im Leben überhaupt.

Fußball hilft, Regeln zu akzeptieren

Der 8-jährige Patrick liebt den Ball. Sein Lieblingsspiel ist
Fußball und sein Lieblingsfach in der Schule natürlich Sport.
Sonst hat er in der Klasse aber öfter Probleme: Immer wieder
eckt er bei seiner Lehrerin an, weil er vorlaut ist, «rotzfrech»,
wie sie sagt. Auch mit seinen Klassenkameraden hat Patrick so
seine Mühe, schließlich lässt er sich nicht gerne etwas sagen.
Und wenn ihm etwas nicht passt, dann lässt er schon mal die
Fäuste sprechen.

Patrick träumt davon, in der Klassenmannschaft einen
Stammplatz zu bekommen. Es ist nicht der Ball, der ihm Probleme bereitet. Patrick kann gut tricksen, er kann gut schie-

ßen, sogar mit dem linken Fuß, obwohl er eigentlich «Rechts-füßler» ist. Probleme hat er mit seinen Mitspielern und mit dem Trainer.

Zu seinem Stiefvater hat Patrick kein gutes Verhältnis. Sein leiblicher Vater ist vor vier Jahren gestorben. Walter, seinen Stiefvater, hat er nie wirklich an sich herangelassen. Doch jetzt hat Patrick ein Problem, das er nur mit Walters Hilfe lösen kann, zumal der früher selbst ein sehr guter Kicker war. Patrick ist ein pragmatisches Kerlchen und so stellt er sich vor Walter hin, den Fußball in der Hand. «Bitte bring mir bei, wie ich so Fußball spielen kann, dass sie mich in die Mannschaft aufneh-men», sagt er. Walter ist erstaunt und erfreut zugleich. Liebe-voll betrachtet er seinen Stiefsohn und schließlich sagt er laut und fest: «Na gut, aber ich habe das Sagen und du hörst auf mein Kommando.» Das ist gar nicht nach Patricks Geschmack, aber weil er unbedingt lernen will, lässt er sich darauf ein.

Heute ist der erste Trainingstag. Im Garten haben sie ein kleines Spielfeld mit zwei Toren aufgebaut. Walter hat mit Pa-trick ein lockeres Aufwärmtraining absolviert, jetzt steht ein kurzes Match an. Walter zieht an Patrick vorbei und blockt mit seinem Körper den Ball ab, Patrick wird wütend und foult Walter von hinten. «Gelbe Karte», sagt Walter. «Du kannst mich mal!», ruft Patrick. «Rote Karte», sagt Walter, nimmt den Ball und geht damit ins Haus. «Morgen, fünf Uhr nächstes Training», ruft er noch. Verdattert bleibt Patrick zurück.

«Auch wenn es mit uns schwierig war, das gemeinsame Fußballspielen hat uns immer wieder zusammengebracht.»
Walter, Stiefvater von Patrick, 8 Jahre

Es sind zwei Wochen täglichen Trainings nötig, bis sich Pa-trick so weit im Griff hat, dass er die Regeln akzeptieren kann. Doch dann geht es sehr gut. Durch Walters konsequentes Auf-treten und das Vermitteln von Regeln im Umgang mit seinen Mitmenschen hat er Patrick gezeigt, dass man auch etwas errei-chen kann, ohne anderen seinen Willen aufzuzwingen. Statt-dessen helfen Respekt und Geduld.

Schon einige Zeit später nämlich wird Patrick Stammspieler in seiner Klassenmannschaft. Walter ist bei den meisten Spielen seines Stiefsohnes als «Fan» dabei. Und mittwochs haben sie weiterhin ihr Vater-Sohn-Training. Walter ist sehr stolz darauf, dass Patrick es auch so nennt.

Durch die klaren Regeln im Fußball kann Ihr Kind sichere Grenzen erfahren. Das gibt ihm Halt und Geborgenheit. Für viele Vater-Kind-Beziehungen ist das Fußballspiel eine Brücke, die andere Probleme – vor allem in der Pubertät – bewältigen hilft. *Psychologie*

Den Ball mit dem Fuß hin- und herzuspielen braucht ein großes Maß an Koordination, meist gelingt das erst ab fünf Jahren gut. Aber dann kann sowohl mit- als auch gegeneinander gespielt werden, oft bis ins hohe Alter. Wenn möglich, gehen Sie als Fan zu den Spielen Ihres Kindes. *Alter*

Wie finden Sie das richtige Niveau beim Fußballspiel? Wenn Sie mit Ihrem Kind und dem Medium Ball gut in Kontakt sind, spüren Sie schnell, wie weit Sie gehen können, damit Sie Ihr Kind zwar fordern, aber nicht überfordern. *Wie*

Joachim Masannek hat mit seinen Büchern über die «wilden Kerle» eine eigene Welt für Jungen und Fußball geschaffen. *Literaturvorschlag*

Spielt Ihr Kind in einer Mannschaft, braucht es manchmal Ihre Unterstützung. Erinnern Sie ihn ans Training, stehen Sie als Gesprächspartner zur Verfügung, wenn es einmal Probleme mit seinen Mitspielern hat. Sprechen Sie auch hin und wieder mit seinem Trainer. Wenn Sie selbst mit Ihrem Kind Fußball spielen, lassen Sie den Spaß dabei nicht zu kurz kommen. *Organisation*

Ein Lederfußball ist schon ab 20 Euro zu haben. *Aufwand*

Das Gefühl, einen Fußball ideal getroffen und im Tor versenkt zu haben, ist für viele Jungen und ihre Väter unbeschreiblich. Vielleicht ist auch für Ihre Vater-Sohn-Beziehung das Spiel mit

59

dem runden Leder ein guter Lehrmeister. Sie bereiten damit einen Boden, um mit Konflikten konstruktiv umzugehen. Und auch immer mehr Töchter spielen gerne Fußball.

Entschuldigen kostet Überwindung

Diese Woche ist eine besondere für Karl und seine knapp 6-jährige Tochter Lena. Die Mutter muss zu einer betrieblichen Weiterbildung und Vater und Tochter sind die ganze Woche auf sich allein gestellt. Die Mutter ist etwas beunruhigt. «Werden die beiden Goldschätze wohl ohne mich zurechtkommen?», fragt sie sich.

Montag und Dienstag laufen super. Frühstück, Anziehen, Zähneputzen, alles tipptopp. Die beiden kommen wunderbar miteinander aus. Die Mama fehlt gar nicht so, nicht einmal am Abend beim Zubettgehen. «Na ja, vielleicht ein bisschen», denkt Lena. «Na ja, ein wenig», denkt Karl, «ich wusste gar nicht, dass das alles so viel Arbeit ist.»

Am Mittwoch hängt Karl schon etwas in den Seilen. Rund um die Uhr verfügbar zu sein ist anstrengender, als er gedacht hat – zumal er bis Freitag eine Präsentation fertigstellen muss. Die will er nun am Vormittag in Angriff nehmen, denn es ist Feiertag und er ist mit Lena alleine zu Hause. Mit seinem Notebook hat er sich am Esstisch eingerichtet, während Lena im Wohnzimmer spielt. Heute fehlt ihr die Mama sehr, sie hält es gar nicht gut aus mit sich allein. Deshalb schaut sie immer wieder beim Papa vorbei, um sich zu vergewissern, dass zumindest der noch für sie da ist. Karl ist schon ziemlich genervt, weil Lena alle paar Augenblicke bei ihm hereinschneit, obwohl er sie doch um etwas Ruhe gebeten hatte. Als sie sich schon wieder vor ihm aufbaut und fragt: «Wann kommt denn Mama wieder?», reißt Karl der Geduldsfaden: «Lass mich doch endlich in Ruhe!», faucht er sie an. Lena, die schon mit der Abwesenheit der Mama kämpft und jetzt auch beim Papa kein offenes Ohr findet, beginnt zu weinen. «Immer diese Heulerei», denkt Karl grimmig.

Doch dann betrachtet er seine Tochter und ihm wird klar, was wirklich los ist. «Jetzt ist die Mama so lange nicht da, das erste Mal in ihrem Leben, und was mache ich? Ich muss gerade dann arbeiten, wenn sie mich braucht.» Er klappt das Notebook zu und wendet sich seiner Tochter zu: «Tut mir wahnsinnig leid, dass ich dich so angefahren habe», entschuldigt er sich. Lena weint noch lauter. Dann schaut sie ihren Vater ganz böse an. Als dieser jedoch die Arme öffnet und ihr einen um Verzeihung bittenden Blick zuwirft, schmilzt Lena wie Eis in der Sonne. Ein Lächeln huscht über ihre Lippen und sie wirft sich in die Arme ihres Vaters. Dort weint sie dann noch ein bisschen weiter. «Weißt du was», sagt Karl, «heute Nachmittag fahren wir zu den Ponys und du darfst reiten.» Da ist der Kummer endgültig vergessen und Lena wischt sich die letzten Tränen ab. «Na gut», sagt sie.

«Wenn ich einen Fehler mache, dann entschuldige ich mich.»
Karl, Vater von Lena, 6 Jahre

Am Abend – nach dem Reiten und nachdem sie Karl das Versprechen abgeluchst hat, in ein paar Wochen wieder zu den Ponys zu gehen – fragt Karl: «Bist du mir noch böse, weil ich dich so angefahren habe?» – «Nee, gar nicht mehr, ist ja schon vorbei.» Karl ist erleichtert. Die Präsentation macht er nun ausnahmsweise in der Nacht, dafür mit aller nötigen Ruhe.

Mit einer Entschuldigung signalisieren Sie Ihrem Kind, dass auch Sie nicht perfekt sind. Sie zeigen ihm, dass Sie für Ihre Fehler Verantwortung übernehmen und versuchen, diese wiedergutzumachen. Auch darin haben Sie eine Vorbildfunktion für Ihr Kind. **Psychologie**

Schon in sehr jungen Jahren haben Kinder einen ausgeprägten Sinn für Gerechtigkeit. Sie können sich ab etwa vier **Alter**

Jahren entschuldigen und auch eine Entschuldigung annehmen.

Wie Wie finden Sie die richtige Entschuldigung? Denken Sie nicht zu viel nach. Wenn Sie das Gefühl haben, einen Fehler gemacht zu haben, sollten Sie das einfach sagen. Es geht nicht darum, sich von Schuld freizukaufen, sondern einen Fehler zuzugeben und vielleicht auch wieder gutzumachen. Das ist kein Zeichen von Schwäche. Ganz im Gegenteil. Wenn Ihnen dies spontan nicht möglich ist, spricht überhaupt nichts dagegen, sich auch mit einer gewissen (nicht allzu langen!) zeitlichen Verzögerung zu entschuldigen. Sie geben damit zu erkennen, dass Sie über Ihr Verhalten nachgedacht haben.

Aufwand Wenn Sie zur Einsicht gekommen sind, dass Sie einen Fehler gemacht haben, kostet Sie die Entschuldigung unter Umständen ein wenig Stolz – und Überwindung.

Selbst der beste Vater der Welt macht im Zusammenspiel mit seinem Kind hin und wieder einen Fehler. Dann gilt es, dafür Verantwortung zu übernehmen und sich bei ihm zu entschuldigen. Ihr Kind kann dadurch lernen, dass Entschuldigungen ein wichtiger Bestandteil tragfähiger menschlicher Beziehungen sind.

Ballspielen stärkt nicht nur die Motorik

Als Nathalie zwei Jahre alt war, kaufte ihr Leo den ersten Softball. So groß wie eine Grapefruit und sehr, sehr weich. Den rollten seine Tochter und er am liebsten hin und her, gemeinsam auf dem Boden sitzend. Leo denkt gerne daran zurück, an die großen, leuchtenden Augen seiner Tochter, wenn der Ball auf sie zukam, und an ihren konzentrierten Blick, wenn sie ihn zu ihm zurückrollte. Mit drei konnte sie den Ball dann schon werfen. Dieser erste Ball hat einen besonderen Platz bekommen in der Schachtel, in der er und seine Frau auch die ersten Schuhe von Nathalie aufbewahren.

Schnell sind andere Bälle dazugekommen: größere Softbälle, Handbälle, Volleybälle und auch viele Luftballons. Als Nathalie sieben war, spielten sie stundenlang mit dem Luftballon. Immer wieder hin und her, ihr Rekord lag bei 427 «Ballwechseln». Leo schätzt vor allem den Kontakt, der mit einem Ball oder Luftballon möglich ist. Eine Zeitlang – da war Nathalie neun oder zehn Jahre alt – erfanden sie gemeinsam die verrücktesten Geschichten und der

«Wenn ich an meine Tochter denke, ist fast immer ein Ball dabei.»
Leo, Vater von Nathalie, 17 Jahre

Ball half ihnen dabei. Einer fing an und erzählte so lange, wie er wollte, dann warf er den Ball dem anderen zu, der an der gleichen Stelle weitererzählen musste, bis ihm nichts mehr einfiel und er den Ball zurückwarf.

Einmal hatten sie Krach wegen eines Balles. Nathalie hatte Leos alten Tennisschläger auf dem Dachboden entdeckt, dazu ein paar Tennisbälle. Sie donnerte anschließend stundenlang Tennisbälle gegen die Garagenmauer. Leo wurde fast verrückt wegen des Krachs. Er erklärte sich bereit, mit ihr zum Tennisplatz zu fahren und dort mit ihr zu üben. Es dauerte nicht lange, da spielte Nathalie besser als Leo. Inzwischen ist die 17-Jährige die Nummer zwei im Tennisverein. Ach ja, Volleyball spielt sie auch noch – in der Schulmannschaft. Im Rahmen ihres Tennistrainings lernte Nathalie Jonglieren, das bringt sie zurzeit ihrem Vater bei. «Er stellt sich gar nicht so ungeschickt an», meint sie. Leo strengt sich auch ziemlich an, er übt in jeder freien Minute.

Wenn Sie mit Ihrem Kind Ball spielen, entsteht beim Hin und **Psychologie** Her zwangsläufig Kontakt. Ballspielen lockert auf, sodass meist auch die Worte ins Fließen kommen. Der Ball kann verbindend, kooperativ verwendet werden («Wie oft schaffen wir es hin und her?») oder auch gegeneinander, indem jeder versucht den anderen abzuschießen oder mehr Treffer zu erzielen. Wird die Gegnerschaft nicht übertrieben, entsteht durch das Ballspielen Vertrauen und Zuneigung. Gerade für Söhne, denen es oft nicht leichtfällt, Gefühle zu zeigen, ist das eine gute Gelegenheit. So kann ein Ball sehr sanft geworfen werden, aber auch hart und aggressiv. Durch Ballspiele kann ihr Kind Grenzen akzeptieren lernen. Der Hinweis «Nicht so scharf!» wird von den meisten Kindern sofort verstanden.

Alter Mit zwei kann der Ball hin- und hergerollt, ab drei hin- und hergeworfen werden. Koordinativ anspruchsvollere Spiele, wie zum Beispiel Volleyball, können erst dann gespielt werden, wenn der Bewegungsapparat und vor allem auch das Gleichgewicht besser entwickelt sind – etwa ab sechs Jahren.

Wie Wie finden Sie das richtige Ballspiel? Vertrauen Sie auf die Fantasie Ihres Kindes und auf Ihre eigene. Wenn Sie passende Bälle haben, entstehen die Spiele von selbst. Auch wenn Fußball bei Mädchen und Frauen immer beliebter wird, müssen Sie sich als Mann meist doch ein wenig davon lösen. Fußball umfasst auch nur einen Bruchteil der Möglichkeiten, die mit einem Ball machbar sind.

Organisation und Gefahren Folgen Sie beim Ballspiel der Kreativität Ihres Kindes; achten Sie aber auf die Einhaltung der vereinbarten Regeln. Vor allem: Niemand darf verletzt werden. Vielleicht gelingt es Ihnen auch, das Spiel immer wieder zu verändern: Sie können zum Beispiel vom normalen Fußball zu einem Spiel an die Wand wechseln. Wird das Ballspiel zum Wettkampf, achten Sie darauf, dass es dabei fair zugeht und dass auch Ihr Kind eine Chance hat, zu gewinnen. Das heißt jedoch nicht, dass Sie schlecht spielen sollen. Das merkt Ihr Kind und fühlt sich nicht ernst genommen. Besser ist es, Handicaps einzubauen, damit Chancengleichheit entsteht. Wenn Sie also zum Beispiel gegeneinander Fußball spielen, ist es wichtig, Tore vorzugeben und/oder die Größe der Tore an die der Spieler anzupassen.

Aufwand Ein kleiner Softball ist ab 5 Euro zu haben, größere ab

8 Euro. Lederbälle gibt es ab 20 Euro und Luftballons kosten nur wenige Cent.

Mit einem Ball können Sie mit Ihrem Kind sowohl gegeneinander als auch miteinander spielen. Sehr wahrscheinlich steht bei Ihnen beiden oft das Miteinander im Vordergrund.

Bauen weckt die Fantasie

Charly räumt heute seine Werkstatt auf. Es ist das ehemalige Spielzimmer seines Sohnes Albert, der jetzt 19 Jahre alt ist und in einer anderen Stadt studiert. In einem Schrank findet er eine Kiste mit den alten Bausteinen seines Sohnes! Charly kann nicht anders, er nimmt die Kiste, geht damit zur Werkbank und schüttet sie aus. Er nimmt einen der Steine in die Hand. Die ehemals bunten Farben sind ziemlich verblasst. «Abgekaut und abgelutscht», denkt Charly. Und plötzlich stehen sie wieder vor ihm, diese wunderbaren Szenen: wie er seinem Sohn Albert zum ersten

«Heute hat mein Sohn schon acht Bausteine übereinander geschafft.»
Charly, Vater von Albert, damals 2 Jahre

Geburtstag die Bausteine schenkte, in rotes, glänzendes Papier eingepackt; wie Albert die Verpackung zerriss und sich am Anfang nur für das Papier begeisterte; wie er dann den Kasten entdeckte, den er nicht aufmachen konnte. Erst als Charly den Kasten öffnete und die Bausteine herauskullerten, begannen Alberts Augen zu leuchten und er klatschte dabei in die Hände.

Charly erinnert sich, wie Albert seine ersten Türme damit baute, erst in die Höhe, dann auch in die Breite. Sie spielten beide fast jeden Abend damit.

Mit drei Jahren begann Albert, sich Geschichten auszudenken von Hunden und Elefanten, für die sie Hütten aus den Steinen bauten. Mit der Zeit kamen dann Dinosaurier, Zauberer, Hexen, Cowboys und Indianer, Jedi- und andere Ritter und vieles mehr dazu. Wie sehr liebte er es, mit seinem Sohn immer neue Geschichten zu erfinden! Das waren nicht immer die unblutigsten und der Mama haben sie besser nichts davon erzählt.

Charly und Albert haben vieles miteinander erlebt. Auch Abenteuer mit Campen und Lagerfeuer sowie Reisen in fremde Länder. Doch dass der Ursprung dieser Erlebnisse in ihren ersten gemeinsamen Geschichten liegt, merkt Charly erst jetzt. «Und die Bausteine waren die Häuser, die Haut, die Hülle für diese Geschichten.» Ihm ist fast ein bisschen feierlich zumute, als er die alten Steine behutsam wieder in ihren Kasten zurücklegt. «Drei fehlen», denkt er. «Ja, die haben wir lange gesucht, ich habe wirklich keine Ahnung, wo sie geblieben sind.» Er öffnet den Kasten noch einmal, nimmt einen der Steine heraus, gibt ihn in einen kleinen Karton und legt etwas Holzwolle drum herum. Dann holt er einen Zettel, darauf schreibt er nur «Danke, Dein Papa!», setzt die Adresse seines Sohnes auf den Karton und schickt ihn ab.

Psychologie und Alter Im ersten Jahr lernt Ihr Kind die verschiedenen Materialien kennen – automatisch nehmen Kinder in dieser Phase alles Mögliche und Unmögliche in den Mund. Das ist in der Spielentwicklung die Funktionsphase. Mit Beginn des zweiten Jahres beginnen sie, mit den Materialien zu experimentieren und zu konstruieren. Diese Phase nennt man Konstruktionsphase. Ab drei Jahren werden Figuren ins Spiel integriert. Diese Phase ist die Rollenspielphase, und sie geht einher mit der magischen Phase, in der vieles eine neue Bedeutung bekommt. Nicht auf den Teppich treten, wenn der gerade das Meer ist! Töchter beginnen meist früher als Söhne das Bauen mit Geschichten zu verbinden, und sehr oft wünschen sie sich als Figuren Barbie-Puppen, mit denen Väter meist wenig anfangen können. Wenn es Ihnen gelingt, Ihre Tochter auch im Spiel mit den Barbie-

Puppen ein kleines Stück weit zu begleiten, haben Sie bei ihr einen großen Stein im Brett.

Wie finden Sie die richtigen Bausteine? Da werden Sie Verschiedenes ausprobieren müssen. Manche Kinder lieben bunte Holzbausteine, manche mögen die länglichen Kapla-Bausteine lieber, die sie allerdings meist erst später zu schätzen lernen. Eine Faustregel gilt in jedem Fall: kleine Kinder – große Steine; große Kinder – kleine Steine. Wie

Vorsicht, Bausteine können süchtig machen! Gefahr

Eine Box mit bunten Holzbausteinen gibt es ab ca. 15 Euro. Aufwand Für einen Karton mit 200 Kapla-Steinen (das ist die Minimalvariante) müssen Sie schon mit 45 Euro rechnen.

Kinder lieben es, zu bauen! Mit Bausteinen, mit Legosteinen, mit Sand, eigentlich mit allem. Sie erschaffen daraus eine ganz neue Welt, die sie auch gerne bevölkern: mit erfundenen Tieren oder Wesen, mit allem möglichen Spielzeug.

Eis essen lässt Barrieren schmelzen

Der 15-jährige Robert kommt mit seinem Vater Herbert zurzeit nicht gut zurecht. An allem, was er seinem Sohn vorschlägt, hat Robert etwas auszusetzen. Umgekehrt gefällt Herbert kaum noch etwas von dem, was Robert sagt und tut, im Gegenteil! «Muss er denn immer diese furchtbaren Hosen tragen, bei denen das Hinterteil in der Kniekehle sitzt! Und die Haare, die hängen so tief ins Gesicht, dass er kaum noch zu erkennen ist, einfach schrecklich!»

Die beiden gehen sich so gut wie möglich aus dem Weg. Wenn sie einander doch einmal begegnen, ist der nächste Streit schon vorprogrammiert. Es ist Freitagabend, Herbert kommt erledigt von der Arbeit nach Hause, und Robert sitzt ausnahmsweise noch am Esstisch. Da fällt Herbert ein, wie schön es früher war, mit Robert Eis essen zu gehen. Ohne viel nachzudenken und ohne damit zu rechnen, dass Robert seinen Vorschlag wirklich annimmt, sagt er: «Komm, Robert, lass uns doch wieder einmal in die Eisgrotte gehen!» Robert schaut erstaunt zu seinem Vater, ein «Nein, keine Lust!» liegt ihm schon auf den Lippen. Doch irgendein Bild, das ihm durch den Kopf und vor allem durchs Herz schießt, lässt ihn kurz nachdenken, und zu seiner eigenen Überraschung hört er sich sagen: «Na gut!» Beide schnappen sich ihre Jacken und trotten los. Schweigend gehen sie nebeneinander her, sie haben sich momentan wirklich nicht viel zu sagen.

In der Eisgrotte bedient Theresa, die beide schon von früher kennen. Neben ihr ist ein junges Mädchen, Theresa stellt sie ihnen als ihre Tochter Julia vor. Robert gefällt Julia und auch Julia errötet leicht, als sie die beiden fragt, was sie möchten. Herbert grinst, was ihm sofort einen scharfen Blick von Robert einträgt. «Was möchtest du?», fragt Herbert seinen Sohn. «Einen großen Becher Spaghetti-Eis, wie früher», sagt er. «Für mich auch», sagt Herbert.

«Manchmal ist das Leben so süß wie Vanilleeis.»
Robert, 15 Jahre, Sohn von Herbert

Robert und Herbert setzen sich schweigend an einen Tisch. Nach einer Weile bringt Julia die beiden Eisbecher. Robert lächelt Julia an, sie lächelt zurück und wird schon wieder rot. Schweigend beginnen Vater und Sohn, das Eis zu löffeln, dann spricht Robert darüber, wie sie früher hier immer Eis gegessen haben, als er noch klein war. Einmal in Fahrt gekommen erzählt er einfach weiter. Er erzählt, wie öde die Schule ist und dass er nicht recht weiß, was er später machen möchte, dass es mit den Mädchen nicht leicht ist und, und, und. Herbert hört einfach nur zu. Er hat das Gefühl, als begegne ihm hier plötzlich ein ganz neuer Robert. Ein empfindsamer, nachdenklicher, kluger Junge, der darum kämpft, seinen Platz im Leben zu finden. «Bisher war ich dabei keine große Hilfe», denkt

Herbert und nimmt sich die neugewonnenen Einblicke zu Herzen.

Wenn Kinder in die Pubertät kommen, wird das Vater-Kind- Psychologie Verhältnis oft schwierig, nicht selten lösen die Jugendlichen negative Emotionen in ihren Vätern aus. Vieles, was die Jugendlichen sagen, wie sie sich darstellen oder was sie tun, wirkt auf ihre Väter fragwürdig oder gar abstoßend. Wenn Sie sich die Zeit vergegenwärtigen, in denen Ihr Kind klein war und in der Sie es schön miteinander hatten, können Sie vielleicht wieder die liebenswerten Seiten an Ihrem Kind entdecken. Bevor Jugendliche in die Welt hinausziehen, müssen sie noch einmal richtig bei ihren Vätern anecken, nur so können sie sich lösen und ihre eigene Identität entwickeln – und wiederkommen.

Eis essen fast alle Kinder in jedem Alter gern. Nutzen Sie Alter diese Tatsache auch und gerade dann, wenn es zwischen Ihnen und Ihrem Kind immer wieder zu Konflikten kommt. Eis essen ist dann durchaus vergleichbar mit dem Rauchen einer Friedenspfeife.

Wie finden Sie den richtigen Eissalon? Lassen Sie dabei ru- Wie hig Ihr Kind entscheiden. Er weiß bestimmt, welcher am angesagtesten ist und das beste, größte und schmackhafteste Eis hat.

Ein gutes Spaghetti-Eis kann schon 5 Euro kosten, bei Eis- Aufwand waffeln kostet eine Kugel ab 50 Cent. Ihr Kind neu zu entdecken ist dagegen unbezahlbar.

Gemeinsam mit seinem Kind in einem Eisladen zu stehen, die Vielfalt des Angebots zu bestaunen, die verschiedenen Eisaromen zu riechen und dann mit dem Sohn oder der Tochter zu verhandeln, welche Sorten es heute sein dürfen und wie viel wovon erlaubt ist, ist ein wahrer Genuss. Vorfreude pur.

Sehnsüchte erfüllen beim Campen

Der sehnlichste Wunsch des 10-jährigen Stefan ist es, einmal mit dem Papa zelten zu gehen. Sein Vater Josef überlegt lange. Zurzeit ist das Geld etwas knapp. Doch schließlich stimmt er zu. «Also gut, im Juli nach Grado», sagt er. «Hurra!», ruft Stefan. Beide wollen mit dem Zug fahren – «wegen der Umwelt». Zwei Wochenenden lang suchen sie die richtige Ausrüstung aus. Am wichtigsten ist das Zelt: Nach langen Diskussionen einigen sie sich auf ein grünes Kuppelzelt mit Aluminiumgestänge. Schlafsäcke haben sie schon, jetzt fehlen noch gute Isomatten, ein Satz Campinggeschirr mit Tellern und Tassen und ein Campingkocher.

8. Juli, endlich geht es los. Schon die Zugfahrt ist ein Abenteuer: Mehrmals mussten sie umsteigen – zweimal war es wirklich knapp und sie hätten fast ihren Anschluss verpasst. Letztlich kommen sie in Grado an, wo sie noch einen Linienbus bis zum Campingplatz nehmen müssen. Sie ergattern ein Plätzchen, das nur durch den Sandstrand vom Meer getrennt ist. Begeistert von der Umgebung beginnen Stefan und Josef, das Zelt aufzubauen. Es geht ruck, zuck, schließlich haben sie oft genug im Wohnzimmer geübt. Josef und Stefan platzieren das Zelt so, dass sie direkt aufs Meer schauen können. Ihre Zeltnachbarn grinsen, «freundliche Menschen eben», denkt Stefan. Ein kurzes Abendessen, dann kuscheln sie sich müde in die Schlafsäcke.

Um zwei Uhr morgens wachen beide auf, weil das Zelt immer wieder so weit zu Boden gedrückt wird, dass sie die Zeltplane im Gesicht haben. Entgeistert machen sie Licht und schauen einander fragend an. Dann bemerken sie, dass es der heulende Sturm sein muss, der ihr Zelt niederdrückt. «Verdammt!», denkt Josef, «das ist der Schirokko, der kommt immer von Süden her, daran hätte ich den-

«Wer ein Zelt hat und es aufbauen kann, der braucht sich vor nichts zu fürchten.»
Stefan, 10 Jahre, Sohn von Josef

ken müssen.» Josef weiß, dass das Tage dauern kann. Also heißt
es: aufstehen, die Taschenlampen nehmen, mitten in der Nacht
einen neuen Platz für das Zelt suchen und es wieder aufbauen.
Richtige Männer machen das eben so. Als sie wieder in ihren
Schlafsäcken liegen, sagt Stefan: «Deswegen haben die Nach-
barn so gegrinst.» Beide lachen.

Von gemeinsamen Campingerlebnissen kann man immer wie- **Psychologie**
der erzählen: «Weißt du noch, wie uns der Wind das Zelt um-
geblasen hat?» wird für immer und ewig Gelächter bei Stefan
und Josef hervorrufen.

So richtig schön wird Campen meist erst, wenn in Ihrem **Alter**
Kind die Abenteuerlust ausbricht, etwa mit acht Jahren. Mit
der Pubertät kann es sein, dass Ihr Kind solche Abenteuer lieber mit Freunden teilt. Für manche Jugendlichen, gehört allerdings das gemeinsame Zelten mit dem Vater immer noch zu
den großen Highlights.

Wie finden Sie den richtigen Campingplatz? Je jünger Ihr **Wie**
Kind ist, umso besser sollte der Campingplatz ausgestattet
sein. Informieren Sie sich in Campingführern und im Internet.

Camping muss geplant und durchdacht werden. Eine gute **Organisation und**
Ausrüstung gehört dazu: Es ist unangenehm, wenn plötzlich **Gefahren**
eine Taschenlampe, eine Landkarte oder etwas ähnlich Wichtiges fehlt. Die Vorstellungen von Vater und Kind, wie luxuriös
es beim gemeinsamen Abenteuer zugehen soll beziehungsweise
wie groß die Bereitschaft zur Improvisation ist, sollten unge-
fähr gleich sein. Wenn der Vater auch beim Campen auf gewisse Annehmlichkeiten nicht verzichten will und das Kind
das wilde Leben liebt oder umgekehrt, dann gilt es, sich einander mit klugen Kompromissen anzunähern, damit beide das
Campen genießen können.

Gute Kuppelzelte sind ab etwa 250 Euro zu haben. Für eine **Aufwand**
Campingausrüstung müssen Sie mit insgesamt 600 Euro rechnen. Wohnwagen können ab ca. 40 Euro pro Tag gemietet

werden. Die meisten Kinder aber lieben Zelte. Folgen Sie Ihrem inneren Kind und schlafen Sie ruhig noch einmal auf dem Boden, solange Ihr Rücken das zulässt.

Campen zu gehen, den Rucksack mit Zelt, Isomatte und Schlafsack auf dem Rücken, bringt Vater und Kind ein unvergessliches Naturerlebnis. Campen ist verbunden mit Reisen und Abenteuern – kurz: mit der Erfüllung von Sehnsüchten. Ein guter Weg, um Computer, Playstation & Co. einmal hinter sich zu lassen und den Duft von Freiheit zu schnuppern.

Abenteuer kann man bauen

Der Industriedesigner Manfred hat es mit seinem 9-jährigen Sohn Lukas nicht immer leicht. Manchmal hat er Mühe, ihn für seine Vorschläge zu gewinnen. Heute möchte Manfred mit Lukas ein Floß bauen und damit einen Fluss entlangfahren. Lukas ist zuerst wenig begeistert von der Idee, muss er doch seinen geliebten Gameboy zurücklassen. Doch als Manfred zusammenzupacken beginnt – Schwimmwesten, Äxte, Seile, Paddel, Cola, Süßigkeiten, Käsebrote –, wird Lukas ganz aufgeregt und beginnt ebenfalls, seine Sachen zu packen: Badehose, Taschenmesser, Kleider zum Wechseln – bei Papas Ideen weiß man ja nie.

Zusammen fahren sie in den Wald, der an einen Bach grenzt – hier soll die Floßfahrt stattfinden. Manfred hat mit dem zuständigen Forstbeamten, einem seiner Freunde, vereinbart, dass er acht der frisch gefällten jungen Bäume verwenden darf, um ein Floß zu bauen. Vater und Sohn machen sich an die Arbeit. Sie schlagen die Zweige ab und kommen dabei ganz schön ins Schwitzen. Dann legen sie die Baumstämme aneinander und versuchen, diese mit Seilen und zwei Querbalken aneinanderzubinden. Am Anfang klappt es nicht so recht, doch Lukas, der schon seit einiger Zeit bei den Pfadfindern ist, und Manfred, der als Junge ebenfalls dabei war, erinnern sich gemeinsam, welcher der möglichen Knoten hier geknüpft werden muss. Schließlich bringen sie ein kompaktes Floß zustande.

Das Ding ist ganz schön schwer geworden! Vater und Sohn schaffen es nur mit mehreren untergelegten Stämmen sowie mit der Hilfe von zwei durchtrainierten Radfahrern, die gerade vorbeikommen, das Floß ins Wasser zu befördern. Jetzt haben sie sich einen Schluck Wasser ver-

> «Mit Papa ist es Abenteuer, mit Mama und Papa eher gemütlich.»
> *Lukas, 9 Jahre, Sohn von Manfred*

dient, Cola gibt es erst auf dem Floß. Sie ziehen ihre Schwimmwesten an, springen hinauf und stoßen sich mit den mitgebrachten Paddeln ab. Lukas lacht laut auf: «Gar nicht so uncool, Papa!» Manfred ist ein bisschen gerührt: So etwas hat sein Sohn lange nicht mehr zu ihm gesagt.

Die beiden lassen sich den Wind ins Gesicht wehen und genießen die Fahrt. Nach einem knappen Kilometer lenken sie das Floß ans Ufer, weil bald darauf die Strömung zu stark würde. Sie ziehen es an Land, machen eine Vesperpause und zerlegen es dann schweren Herzens wieder. Der befreundete Forstbeamte wird sich um die Baumstämme kümmern. Dann wandern sie zurück zum Auto.

Vor dem Schlafengehen drückt sich Lukas an seinen Vater. Der ist sehr stolz auf ihn. Es gefällt ihm, dass sein Sohn so viel handwerkliches Geschick und Mut hat.

Auch Mädchen lieben Abenteuer. Bei Abenteuern geben Sie **Psychologie** Ihrem Kind die Chance, das Vertrauen in Sie zu stärken. Gemeinsam erlebte Abenteuer bereichern den Schatz an Erinnerungen, auf den Sie später zurückgreifen können. Achten Sie bei Abenteuern darauf, dass Ihre Tochter mehr direkte Zuwendung braucht als Ihr Sohn, weil für sie immer die Beziehung zu Ihnen im Vordergrund steht. Während Ihr Sohn mehr in der

Sache direkt aufgeht, so wie es Männer gewohnt sind. Mädchen lieben Abenteuer mit dem Vater, weil Sie da in seine männliche Welt eintauchen können. Auch wenn sie manches vielleicht nur Ihnen zuliebe tut.

Alter Für Abenteuer ist eigentlich niemand zu jung und niemand zu alt, oder?

Für Für welches Abenteuer sollen Sie sich entscheiden? Wählen Sie ein Gebiet aus, das für Sie und Ihr Kind gleichermaßen interessant und aufregend ist. Fast alles kann zu einem Abenteuer werden: eine Moorbegehung, eine Kanufahrt, eine Bergwanderung.

Literaturvorschlag Chris Weber (2009): Baumhaus, Höhle, Lagerfeuer. Spannende Abenteuer für Väter und Kinder. Droemer Knaur Verlag. Dieses Buch bietet praktische Tipps für ganz besondere Outdoor-Erlebnisse.

Organisation und Gefahren Abenteuer müssen altersgerecht sein. Es gilt, Ihr Kind zu fordern, sonst wird ihm schnell langweilig, es aber nicht zu überfordern, sonst wird die Sache gefährlich. Wählen Sie ein Abenteuer so aus, dass Sie Ihr Kind nie zu streng ermahnen müssen, wenn es übermütig wird.

Abenteuer führen vielleicht manchmal zu Streitigkeiten mit Ihrer Partnerin, weil die Ansichten über das, was Ihr Kind bewältigen kann, auseinandergehen. Besprechen Sie mit Ihrer Partnerin, was Sie vorhaben, und machen Sie deutlich, dass Sie Ihr gemeinsames Kind nicht überfordern werden und an alle Sicherheitsvorkehrungen gedacht haben.

Aufwand Von null bis unendlich. Das Entscheidende dabei ist nicht, viel Geld auszugeben, sondern aus den einfachen Dingen des Lebens ein Abenteuer zu machen.

Abenteuer bedeutet Nervenkitzel, ein Ausbrechen aus dem normalen Alltag. Dazu gehört das Risiko – sonst ist es kein Abenteuer. Sie als Vater müssen dafür sorgen, dass das Risiko kalkulierbar bleibt.

Atmosphäre genießen am Feuer

Kathi wohnt mit ihren Eltern in einer Siedlung am Stadtrand. Vor der Wohnanlage gibt es eine große Wiese mit einem schönen Spielplatz, auf dem sie und ihre Freundinnen nach Herzenslust toben können. Manchmal ist auch ihr Vater draußen dabei.

Noch schöner ist es, wenn Kathi einmal im Jahr mit ihren Eltern Urlaub auf dem Bauernhof macht. Sie liebt die Tiere dort und vor allem die «Natur pur», wie der Bauer vor Ort immer sagt. Am meisten aber liebt sie den kleinen Feuerplatz am Ufer des kleinen Weihers, in dem die Gänse und Enten baden. Fast jeden Abend kommt sie zu ihrem Papa und bittet ihn, mit ihr ein Feuer zu machen. Willi geht gerne auf ihren Vorschlag ein. Kurz bevor die Dämmerung kommt, suchen sie im nahen Wald Feuerholz – natürlich mit der Erlaubnis des Bauern. Wenn sie genügend gesammelt und aufgeschichtet haben, beginnt Kathi – unter der Aufsicht ihres Vaters – zerknülltes Zeitungspapier und kleine trockene Äste darauf zu legen. Dann zündet sie die Zeitung mit einem Streichholz an; das darf sie erst seit dem letzten Jahr.

«Abends um ein Feuer sitzen und dabei Geschichten zu dichten ist das Größte!» Kathi, 9 Jahre, Tochter von Willi

Schnell prasselt ein gemütliches Feuer vor sich hin. Willi ist sehr stolz auf seine Tochter, weil sie schon so gut Feuer machen kann.

Dann, wenn es langsam dunkel wird, kommt der Teil, der für Kathi der schönste ist. Papa und sie erfinden gemeinsam eine Geschichte. «Es war einmal…», beginnt Willi, «…eine wunderschöne Prinzessin…», fährt Kathi fort. So erfinden und erzählen sie einander fast jeden Abend eine neue Geschichte. Vor lauter Begeisterung und von der Wärme des Feuers werden Kathis Wangen ganz rot. Willi mag es, wenn sie so «glüht».

Das «Feuermachen» zelebrieren sie jetzt auch zu Hause. «Wenn der Papa am Abend zu mir ins Zimmer kommt, dann zünden wir gemeinsam eine Kerze an», erzählt Kathi. Und ihr Vater fährt fort: «Bevor ich Kathi wieder allein lasse, lösche ich die Kerze natürlich aus. Die darf Kathi in der Nacht auch nicht mehr anzünden, aber da kann ich mich auf sie verlassen.»

Psychologie Ihr Kind erlebt Sie auch im Umgang mit dem Feuer als Vorbild. Dabei verinnerlicht es, worauf es achten muss: Respekt vor dem Feuer zu haben und Vorsicht bei der Auswahl der Feuerstelle und beim Feuermachen walten zu lassen. Feuer ist archaisch und lebendig, es fördert die Kreativität und Ausdrucksfähigkeit in uns Menschen. Ein gemütliches Feuer erzeugt Nähe und Zusammengehörigkeitsgefühl, es kann Ihrem Kind auch helfen, Ängste zu überwinden.

Alter Väter können ihr Kind ab etwa vier Jahren ans Feuermachen heranführen, eine gemeinsame Nacht am Feuer empfehle ich erst ab sechs Jahren. Für Männer wird Feuer immer eine große Bedeutung haben. So sitzen Vater und Kind meist auch dann noch am Lagerfeuer, wenn das Kind schon erwachsen ist und selbst Kinder hat. Manchmal haben kleinere Kinder Angst vor dem Feuer, nehmen Sie diese Angst ernst. Wenn Sie das Feuer lieben, wird es sehr wahrscheinlich auch Ihr Kind tun. Lassen Sie es erst selbst Kerzen anzünden – natürlich nur unter der Aufsicht von Erwachsenen –, wenn Sie sicher sind, dass Ihr Kind das kann. Meist ist das erst ab sechs Jahren der Fall.

Wie Wie finden Sie den richtigen Feuerplatz? An einigen Seen und einigen «wilden» Campingplätzen gibt es noch freie Feuerstellen. Vielleicht ist Ihnen auch noch ein Platz im Gedächtnis, an dem Sie und Ihr Vater gemeinsam Feuer gemacht haben. Erkundigen Sie sich beim Gemeindeamt, ob Sie das Feuer anmelden müssen.

Organisation und Gefahren Schaffen Sie bei einer offenen Feuerstelle immer einen sicheren Rahmen – zum Beispiel aus Steinen – und halten Sie immer einen Eimer oder eine große Flasche Wasser griffbereit! Oder noch besser: eine Löschdecke.

76

am Feuer sitzen zu können. Aber wie so vieles ist gemeinsames
Sitzen am Feuer unbezahlbar.

Feuer verändert sich ständig, es hat keine vorbestimmte Form,
es ist reine Lebendigkeit. Kein Wunder, dass es uns Menschen
auch dazu anregt, Geschichten zu erfinden. Feuer ist aber von
allen Elementen am schwierigsten zu zähmen und zu beherrschen. Vermitteln Sie Ihrem Kind also auch Achtung vor dem
Feuer.

Grenzen setzen kostet Nerven

Alljährlich zur Faschingszeit findet im Dorf, in dem Lorren
mit ihrer Familie wohnt, ein Umzug statt. Seit einem Jahr ist
Lorren im Kinderchor. Alle Mädchen verkleiden sich als Bienen, um auf einem offenen Anhänger beim Umzug mitzufahren und von dort oben ihre Liedchen zu singen. Die 9-Jährige
ist ganz aufgeregt, sie hat fleißig geübt und kann die fünf Lieder, die sie singen wollen, aus dem Effeff.
   Walter, ihr Vater, begleitet sie zum Treffpunkt. Als die
Mädchen den Wagen besteigen, schaut er sich den offenen Anhänger an. Walter ist Kfz-Meister und kennt sich in diesem
Bereich gut aus. Im Alltag wird der Wagen als Viehtransporter
benutzt, und so sind überall Ringe zum Befestigen der Leinen
für die Tiere, aber es gibt keine Halterungen oder Sicherungen
für die Kinder. Walter gefällt das gar nicht und er spricht mit
dem Chorleiter, ob es nicht einen anderen Anhänger für die
Kinder gäbe. Der Chorleiter verneint und meint nur, «es wird
schon nichts passieren». Das ist Walter zu wenig, sorgfältig in-
spiziert er noch einmal den Wagen und entscheidet: «Tut mir
leid, Lorren, du fährst nicht mit, das ist mir zu gefährlich.»
   Lorren fällt aus allen Wolken, das darf doch nicht wahr

sein. Da haben sie wochenlang geprobt und jetzt spielt ihr übervorsichtiger Vater verrückt. «Ich fahre doch!», schimpft Lorren und stampft mit dem Fuß auf. Ihr Vater bleibt ganz ruhig und sagt: «Es tut mir wirklich leid, aber ich bin für dich verantwortlich. Mir ist die Sache zu gefährlich. Du kannst mit mir hinter dem Wagen hergehen oder mit mir nach Hause kommen, aber du fährst nicht mit.» Lorren weint bitterlich. Walter hält ihr die Hand hin, wütend schlägt sie Lorren aus, doch sie steigt vom Wagen und geht mit ihrem Vater enttäuscht nach Hause. Hinter dem Wagen herzugehen, wäre für sie noch schlimmer.

«Wenn Papa nein sagt, meint er nein.»
Lorren, 9 Jahre, Tochter von Walter

Zu Hause angekommen geht Lorren in ihr Zimmer und kommt auch nicht zum Abendessen. Walter kann den Schmerz seiner Tochter gut nachvollziehen und bedauert, dass er diese Entscheidung treffen musste, aber er hält sie nach wie vor für richtig.

Am nächsten Tag geht Lorren in die Schule, in ihrer Klasse fehlen zwei Mädchen, beide sind im Kinderchor. Susanne, ihre beste Freundin, erzählt ihr: «Der Wagen musste bremsen, alle, die auf der Ladefläche standen, haben das Gleichgewicht verloren, und Birgit und Alexandra haben sich an den Ringen für die Tiere ihre Beine angeschlagen. Beide mussten ins Krankenhaus. Alexandra musste sogar operiert werden.» «Uh», denkt Lorren, «da hab' ich noch einmal Glück gehabt.»

Zu Hause erzählt sie es ihrem Papa, umarmt ihn und sagt leise in sein Ohr: «Danke!»

Psychologie Eine Ihrer Aufgaben als Vater ist es, für die Sicherheit Ihres Kindes zu sorgen. Setzen Sie die Grenzen für Ihr Kind so, dass es Ihre Anforderungen innerhalb der Grenzen selbständig bewältigen kann. Doch auch das Setzen von Grenzen ist wichtig per se. Denn an der Grenze entsteht Auseinandersetzung, Reibung, Begegnung und Kontakt. Dabei entscheidet sich, ob Ihr

Kind Sie wirklich als Vater erlebt oder einfach nur als Kumpel und Spielkamerad. Wenn nur Letzteres der Fall ist, schöpfen Sie Ihr Potenzial als Vater nicht aus.

Natürlich müssen sich die Grenzen mit zunehmendem Al- Alter ter und zunehmenden Fähigkeiten Ihrer Tochter weiten – so lange, bis Ihr Kind als Erwachsene auf eigenen Beinen stehen kann.

Wie finden Sie die richtige Grenze? Die Grenze muss al- Wie tersgerecht sein. Babys und Kleinkindern müssen Sie die Grenzen auch mit körperlicher Präsenz vermitteln. Das ist die Voraussetzung dafür, dass spätere Grenzsetzungen durch klare verbale Anweisungen erfolgen können.

Jan-Uwe Rogge (2008): Das neue Kinder brauchen Gren- Literaturvorschlag zen. 6. Auflage, Rowohlt Taschenbuch.

Grenzen setzen hat etwas mit Macht zu tun. Für Sie als Gefahren Vater gilt es, Ihre Macht zum Wohle Ihres Kindes einzusetzen. Dazu ist es wichtig, dass Ihr Kind Ihre Väterlichkeit nicht nur in diesem Machtkampf erlebt, sondern auch in vielen anderen Situationen. Die Basis Ihrer Autorität ist die Liebe zu Ihrem Kind und seine Liebe zu Ihnen.

Grenzen setzen kostet Nerven und Überwindung. Hier Aufwand entscheidet es sich, ob Sie wirklich Vater sind. Ihr Kind braucht Sie als Vater und nicht als Freund!

Es kann sein, dass es Ihnen als Vater schwerfällt, Ihrem Kind Grenzen zu setzen. Gerade wenn Sie selbst als Kind zu enge Grenzen durch Ihren Vater erfahren haben oder wenn Sie diese Grenzsetzung durch eine schlechte Umsetzung – zum Beispiel Schläge – erlebt haben. Doch Grenzen geben Sicherheit, machen das Leben für Ihr Kind überschaubar und bewältigbar.

Herbst

*Die Tage werden kürzer und kühler. Langsam
beginnen die Menschen von außen nach innen
zu gehen; sowohl räumlich als auch
psychisch. Für Vater und Kind bietet das
die Möglichkeit, einander innerlich
noch näherzukommen. Verspielt,
einfach und leise.*

*Sie haben Gelegenheit, über den herbstlichen Stoppelfeldern
Drachen steigen zu lassen und sich und Ihr Kind als erfolgreiches Team
zu erleben. Das milde Licht dieser Jahreszeit und die herbstlichen
Farben der Natur laden auch zu ausgedehnten, gemütlichen Wande-
rungen ein. Natürlich passen Sie die Tour an das Alter und die
Ausdauer Ihres Kindes an.*

*Zum Herbst gehört es auch, dass wir Menschen verstärkt das Bedürfnis
nach Ruhe und Schlaf bekommen. Das kann sich auch darin zeigen,
dass Ihr Kind ruhiger und ausgeglichener wird. Nutzen Sie die
zunehmend dunkler werdenden Abende für heimeliges Beisammensein
und entspannende Spiele. Wenn Sie und Ihr Kind im Sommer
ausreichend Abenteuer erlebt haben, werden Sie sich über die Rück-
kehr zur Ruhe nicht ärgern, sondern sie gemeinsam genießen.*

Nähe zulassen

Magda ist fünf Jahre alt und sehr stolz darauf, dass sie schon alleine schlafen kann. Zuvor allerdings schmust sie noch ein bisschen mit der Mama, bis sie dann ihr Vater David zu Bett bringt. Und das geht so: David legt sich zu ihr, Magda kuschelt sich ganz fest an ihn und vergräbt ihren Kopf regelrecht in seiner Achselhöhle. Mit dem rechten Arm umfasst David sein Töchterchen, in beiden Händen hält er ihr Lieblingsbuch «Winni Puh» und liest ihr ihre Lieblingsgeschichte vor. Ihren Teddybär, Meister Petz, hat sie dabei natürlich ebenfalls fest in den Armen. David muss schon aufpassen, dass er kein Wort auslässt, denn wenn er das tut, korrigiert ihn Magda sofort: «Da fehlt was!» Ganz schön anstrengend für den Vater, zumal ihm selbst schnell mal die Augen zufallen. Irgendwann schläft aber auch Magda ein, David befreit sich dann liebevoll von seiner Tochter und geht aus dem Zimmer.

Am nächsten Morgen, meist so gegen halb sechs, findet Magda, es reicht mit dem Alleinschlafen. Sie geht ins elterliche Schlafzimmer. Mal mit, mal ohne Meister Petz. Zielstrebig bahnt sie sich ihren Weg zwischen ihre Eltern. Manchmal muss sie sich da richtig hineindrängen, dann, wenn Mama und Papa gerade miteinander kuscheln. «Doch da ist Magda gnadenlos», sagt ihr Vater. Wenn sie also dann so im Dreierpaket liegen, sucht sich Magda sehr schnell wieder ihre Lieblingsstellung: den rechten Arm des Vaters um sich, den Kopf unter seinen Achseln, die Hand der Mutter auf ihrem Bauch und ihre Hände auf den Händen der Mutter.

«Papa riecht einfach so gut.»
Magda, 5 Jahre, Tochter von David

Magdas Vater ist innerlich gespalten. Einerseits ist er froh, dass seine Tochter jetzt schon alleine schläft. Andererseits weiß er, dass die Zeit der intensiven Nähe zu seiner Tochter nicht ewig dauert, und so genießt er sie.

Nur wenn Sie eine gewisse Nähe mit Ihrem Kind leben, wenn Psychologie Ihr Kind Sie – auch körperlich – spüren kann, kann sich eine wirkliche Vater-Kind-Bindung entwickeln. Aus der Nähe der Eltern zu ihm entwickelt es mit der Zeit eine innere Nähe zu sich selbst. Diese innere Nähe ist wichtig, damit es später im Einklang mit sich selbst leben kann. Durch Ihre Nähe erfährt Ihr Kind Zuneigung, Vertrauen.

Gerade als Baby und Kleinkind braucht Ihr Kind Ihre kör- Alter perliche Nähe, denn die Gewissheit, dass Sie da sind, ist so für Ihr Kind am größten. Auch im Vorschulalter ist es für Kinder oft noch schwierig, mit Abwesenheit umzugehen beziehungsweise sie richtig einzuordnen. Kleine Kinder werden sich immer wieder – zum Beispiel bei ihrer Mutter – erkundigen, ob denn der Papa, der am Morgen zur Arbeit gegangen ist, am Abend auch bestimmt wiederkommt. Erst wenn Ihr Kind Ihre Nähe «internalisiert» hat, kann es längere Zeit ohne Sie auskommen, weil Sie es dann in seinem Herzen begleiten. Das heißt aber nicht, dass nicht auch Jugendliche hin und wieder eine Bärenumarmung brauchen.

Wie finden Sie die richtige Nähe? Dabei können Sie sich Wie meist ganz gut auf die Bedürfnisse Ihres Kindes verlassen. Wann immer es Ihnen möglich ist, gehen Sie auf seine Kuschel- und Näheangebote ein. Nur wenn Ihr Kind sauer auf Sie ist, liegt es vor allem an Ihnen, diese gewohnte Nähe wiederherzustellen, weil Ihr Kind erst lernen muss, welche Möglichkeiten der Versöhnung es gibt.

Nähe ergibt sich aus dem Miteinandersein und ist nicht Organisation wirklich organisierbar. Sie können sich jedoch bewusst Zeit für Ihr Kind nehmen und diese im Tagesverlauf einplanen.

Nähe erfordert für Ihr Kind da zu sein – also Zeit. Aufwand

Ihr Kind braucht einen greifbaren Vater, der für sein Kind da ist. Dieses Gefühl können Sie ihm nur durch Ihre Nähe vermitteln! Zusammensein und die damit verbundene Nähe gehört zu den grundlegenden Bedürfnissen von uns Menschen. Nähe ist für Kind und Vater bereichernd.

Reisen als Auszeit vom Alltag

Simon schwärmt von Paris. Vom Eiffelturm, von der Seine, vom Montmartre. Auch vom Pigalle-Viertel schwärmt er, doch das erzählt er seinem Vater noch nicht. Auf dem Flohmarkt hat er günstig eine Kiste mit Krimis von Simenon gekauft. Lauter Maigret-Romane, alle spielen in Paris – im alten Paris des letzten Jahrhunderts. In dieser Zeit gab es zwar schon Telefone, aber noch keine Handys. Es gab zwar schon Zentralheizungen, doch Maigret bestand auf seinem alten Kohleofen im Büro, weil ihm beim Prasseln des Feuers immer die besten Ideen kamen. Das hat Simon ziemlich beeindruckt. Kurz und gut, er will unbedingt nach Paris.

Bei seinen Eltern ist das Geld zurzeit knapp. Die neue Waschmaschine – längst überfällig – war ziemlich teuer. Doch Michael, Simons Vater, will mit dem Kauf seiner E-Gitarre noch ein Jahr warten, so reicht es gerade. Seine Eltern schenken Simon die Reise zu seinem 15. Geburtstag. Michael wird ihn begleiten.

«Richtig reisen ist sogar schöner als Kino.»
Simon, 15 Jahre, Sohn von Michael

Samstagmorgen, München Hauptbahnhof, TGV nach Paris. Nach sechs Stunden Fahrt kommen sie am frühen Nachmittag am Gare de l'Est an. Simon ist total aufgeregt. Er hat sich gut vorbereitet: Stadtplan, Metroplan – und im Internet hat er bereits den Weg zum Hotel herausgesucht. So viel Französisch wie in den letzten drei Wochen hat er noch nie gelernt.

Michael geht es etwas ruhiger an. Am Bahnhof angekommen, suchen sie sich erst einmal ein nettes Café. «In Paris musst du immer zuerst einen Café au lait trinken», sagt er zu seinem Sohn. Simon kommt gerne mit. Maigret trinkt in seinen Krimis immer Bier, das darf Simon noch nicht. So bestellt er eine Grenadine, während sich Michael seinen Café au lait schmecken lässt.

Sie haben sich ein Zimmer in einem günstigen Hotel in der Nähe des Centre Georges Pompidou gemietet. Eiffelturm, Triumphbogen, Montparnasse – sie lassen keine Sehenswürdigkeit aus. Abends gehen sie immer zur Kirche Sacré Cœur, dort treffen sich junge Leute und musizieren miteinander. Gitarren werden herumgereicht, hin und wieder spielt auch Michael mit. Simon beschließt, seine Gitarrenstunden ernster zu nehmen, das nächste Mal will er das auch können.

Die Tage vergehen wie im Flug. Schon ist es Freitagabend, Gare de l'Est, TGV zurück nach München. «Was hat dir denn am besten gefallen?», fragt Michael während der Fahrt. «Einfach die Zeit mit dir», sagt Simon. Er wird ein bisschen rot dabei, weil er gerade nicht weiß, ob das cool ist. Doch letztlich ist ihm das egal.

Psychologie Gemeinsam zu verreisen ist eine besonders schöne Form des aktiven Zusammenseins. Der Vater kann dabei für sein Kind eine Art «Tor zur Welt» sein, indem er ihm die Augen für Fremdes, Ungewohntes öffnet. Gerade beim gemeinsamen Reisen achtet das Kind verstärkt auf die Vorbildfunktion seines Vaters.

Alter Gemeinsame Reisen sind an kein Alter gebunden, das geht schon mit den Kleinsten. Achten Sie aber darauf, dass Fortbewegungsart und Unterbringung altersgerecht sind.

Wie Wie finden Sie das richtige Reiseziel? Oft ist der Vater von einem Reiseziel so begeistert, dass er sein Kind mit seiner Begeisterung ansteckt. Oder das Kind hat einen speziellen Wunsch und bittet den Vater, es zu begleiten. Von wem auch immer die Initiative ausgeht: Das Ziel sollte für beide gleichermaßen attraktiv sein.

Organisation Ist Ihr Kind bereits zehn Jahre alt, können Sie die Reise auch gemeinsam organisieren. Verhandeln Sie mit Ihrem Kind Unterbringungs- und Fortbewegungsmöglichkeiten. Achten Sie darauf, dass die Interessen Ihres Kindes nicht zu kurz kommen.

Aufwand Gemeinsames Reisen kostet Geld. Doch es geht nicht um Luxus. Für Söhne und auch viele Töchter steht meist das Abenteuer im Mittelpunkt. Das ist leichter beim Trampen, Zelten oder in Jugendherbergen zu finden als in Luxushotels.

Beim gemeinsamen Reisen nehmen Vater und Kind eine Auszeit vom Alltag. Da können sie wieder neu zueinander finden. Vor allem in der Pubertät ergeben sich dabei Gespräche zwischen Vater und Jugendlichen, die zu Hause oft nur noch schwer möglich sind. Vom Erlebten und den Geschichten, die sie dann zu erzählen haben, zehren Vater und das jugendliche Kind ihr Leben lang.

Im Sandkasten spielen als Passion

Begonnen hat Leonhards Liebe zum Sand, als er zwei war. Damals gab es vor dem Haus, in dem er und seine Eltern wohnten, einen großen Sandkasten. Da der Hausmeister rigoros darauf achtete, dass keine Hunde in den Sandkasten kamen, war dieser sauber und ideal zum Spielen. Am liebsten spielte Leonhard mit dem Papa darin.

«Papa komm, bauen wir wieder einmal eine Sandburg!»
Leonhard, 10 Jahre, Sohn von Florian

Damals matschte er vor allem gerne herum, zerdrückte den nassen Sand zwischen den Fingern. Vater Florian war damit beschäftigt, die richtige Konsistenz des Sandes für ihn herzustellen. Leonhard mochte den Sand nass, aber nicht zu nass. Wenn er endlich so war, wie er sein sollte, freuten sich beide.

Als der Herbst kam und es im Sandkasten nicht mehr richtig gemütlich war, baute Florian aus Holz und einer Nieroster-Wanne – die ein befreundeter Metallarbeiter extra für ihn herstellte – einen Sandkasten für drinnen. Der war 1×1 Meter groß und wurde im Keller so platziert, dass Vater und Sohn um ihn herumstehen und mit den Händen darin spielen konnten. Florian fertigte auch noch eine Abdeckplatte dafür an. Wenn diese Platte darüber lag, sah der Sandkasten aus wie ein Tisch. Florian und Leonhard verbrachten in der kalten Jahreszeit viele gemeinsame Stunden damit. Leonhard war längst dazu übergegangen, Burgen zu bauen, Vulkane und Seen. Spannend wurde es, als Papa eines Abends einen Sack voller Spielzeug-Dinosaurier mitbrachte. Da ging es dann richtig los: Es wurde gekämpft, gefressen, geschimpft, versöhnt. Regelrechte Dramen fanden im Sandkasten statt. Nach und nach kamen noch andere Tiere – meist aus Gummi – dazu: Haustiere wie Hunde, Katzen und Mäuse, aber auch wilde Tiere wie Elefanten, Löwen, Giraffen, Zebras und Bären. Natürlich durften auch Menschen nicht fehlen: Cowboys, Indianer und Jäger bevölkerten bald die Welt im Sandkasten, in der Leonhard und Florian sehr viel Zeit verbrachten – zur Freude beider.

Auch heute noch, Leonhard ist inzwischen 14 und Vater und Sohn geraten des Öfteren aneinander, können die beiden im Keller immer wieder in ihre Welt aus Sand und Plastikfiguren eintauchen. Differenzen lassen sich so leichter vergessen.

Sand ist eine spezielle Art Erde. Er hat etwas Magisches, Mys- Psychologie
tisches, Zauberhaftes. Sand beflügelt die Kreativität und die Fantasie. Schon Kleinkinder sind vom Sand fasziniert. Anfangs gilt es für Sie als Vater darauf zu achten, dass Ihr Kind nicht zu viel davon «isst», denn wie vieles andere wird es ihn mit Begeisterung in den Mund nehmen. Sand gehört zu den Materialien, mit denen Kleinkinder sehr gerne ihre taktilen Erfahrungen machen weil er sich einfach so gut anfühlt, sowohl trocken, als auch nass. In der Spielentwicklung spricht man hier von der Funktionsphase. In ihr erfühlen Kleinkinder die verschiedenen Materialien und orientieren sich so in der Welt. An die Funktionsphase schließt die Konstruktionsphase an. In dieser Phase

beginnen die Kinder mit den Materialien Dinge zu gestalten. Sand ist ideal dafür. Nach und nach kommen nun die Rollenspielphase und die magische Phase dazu. Das heißt, beseelte Figuren beginnen miteinander zu kommunizieren, und den Dingen werden ganz konkrete Bedeutungen zugewiesen. So ist der kleine Teich im Sandkasten das große, weite Meer.

Alter Kinder lieben den Sand. Oft krabbeln sie schon darin herum, bevor sie laufen können. Dem «Sandkastenalter» sind nach oben keine Grenzen gesetzt, solange Männer den Mut haben, zum Kind in sich zu stehen.

Wie Wie finden Sie den richtigen Sand? Verwenden Sie den ganz normalen Mehlsand aus dem Baumarkt. Achten Sie darauf, dass er nicht chemisch behandelt ist. Unbehandelter Sand hält viele Jahre, wenn er nicht verschmutzt wird.

Organisation und Gefahren Nur wenn das Spiel mit dem Sand Vater und Kind wirklich Spaß macht, wird es zu einem dauerhaften Vergnügen für beide. Vor allem wenn der Sand feucht ist, ist das Ganze eine schmutzige Angelegenheit, doch Sand lässt sich gut aus der Kleidung herauswaschen.

Aufwand Nicht immer ist es möglich, einen Sandkasten selbst zu bauen oder bauen zu lassen. Sehr gut eignen sich kleine Planschbecken aus Hartplastik, die meist in Muschelform angeboten werden. Sie kosten nicht mehr als 20 Euro. Der Mehlsand im Baumarkt ist preiswert, 50 kg kosten nicht einmal 5 Euro.

Sand übt auf Kinder jeden Alters eine magische Wirkung aus; meist auch auf ihre Väter. Fast keiner von ihnen kann an einem Sandhügel vorbeigehen, ohne ihn auf irgendeine Art zu berühren. Mit den Händen, mit den Füßen. Gehen Sie einmal an einem Sandstrand spazieren, und Sie werden drei Generationen beim Spielen im Sand finden: Kinder, Väter und Großväter.

Weinen darf man

Der 4-jährige Jakob darf heute zum ersten Mal an einem Holz-
stück schnitzen. Holger, sein Vater, passt gut auf. Trotzdem
rutscht Jakob ab und schneidet sich leicht in den Finger. Jakob
wird bleich und erstarrt. «Jetzt hast du dich aber erschrocken!»,
sagt Holger. Jakob nickt und beginnt zu weinen. Holger tröstet
ihn, klebt ein Pflaster auf den verletzten
Finger und zeigt ihm, dass man das Messer beim Schnitzen immer vom Körper

«Auch Indianer kennen Schmerzen.»
Holger, Vater von Jakob, 4 Jahre

weg führen muss. Dann gibt er Jakob noch ein Küsschen auf
das Pflaster, damit der Finger schneller heilt. Jakob lacht schon
wieder, läuft zur Mama, damit sie ihm auch ein Küsschen aufs
Pflaster gibt, dann heilt der Finger sicher doppelt so schnell.

Olivia hat es zurzeit nicht leicht, sie hat gerade einen Schul-
wechsel hinter sich, von der Grundschule ins Gymnasium. In
der Grundschule war sie immer die beste Schülerin gewesen,
im Gymnasium ist plötzlich alles anders. Olivia tut sich schwer
mit dem Lernen, kein Wunder, die Anforderungen sind viel
höher geworden. Olivia war gewohnt, die Hausaufgaben nebenbei zu erledigen, jetzt muss sie ihnen ihre ganze Aufmerksamkeit widmen. Auch zu ihren Klassenkameradinnen hat sie
noch keinen richtigen Kontakt.

Nach dem Abendessen ist Papazeit. Doch bevor es ans Lernen geht, bittet Vater Laurin seine Tochter zu erzählen, wie ihr
Tag war. Dabei kommen Olivia sehr oft die Tränen, Laurin
nimmt sie dann in den Arm, streichelt ihr den Rücken und
lässt sie erst einmal weinen. Wenn das Schluchzen dann langsam aufhört, sieht er ihr tief in die Augen und meint: «Du
schaffst das schon!» Bei diesem Mantra kann Olivia meist
schon wieder lachen. In letzter Zeit sagen sie diesen Satz schon
gleichzeitig, meist prusten sie dann los. Seit Olivia diese
Schwierigkeiten hat, ist Laurin jeden Abend pünktlich zu
Hause, das hat er mit seinem Chef so abgesprochen.

Der 14-jährige Ferdinand ist in Michaela verliebt. Nach der Schule geht er ihr nach, überreicht ihr eine Blume und will sich mit ihr verabreden. Sie lacht ihn aus und sagt, dass sie sich sicher nicht mit so einem Milchbubi abgibt. Ferdinand ist gekränkt und wütend. Zu Hause will er nicht essen und schliesst sich in sein Zimmer ein. Sein Vater Paul muss dreimal klopfen, bis sein Sohn ihn hereinlässt. Ferdinand ist still und verzweifelt. Erst nach und nach erzählt er, wie es ihm mit Michaela ergangen ist. Paul hört verständnisvoll zu. Ferdinand beginnt zu weinen. Paul will ihn in den Arm nehmen, doch Ferdinand wehrt ab. Paul lässt Ferdinand einfach weinen. So sitzen sie beisammen. Paul erzählt Ferdinand, dass es ihm mit seiner ersten großen Liebe ähnlich ergangen ist. Es hat lange gedauert, bis er akzeptiert hat, dass dieses Mädchen ihn einfach nicht wollte. Dann erzählt Paul auch noch, wie es war, als er Ferdinands Mutter kennengelernt hat. Als er ihr Blumen überreichen wollte, ist er gestolpert und sozusagen mit den Blumen in ihren Armen gelandet. Dort ist er dann gleich geblieben. Beide beginnen zu lachen.

Psychologie Akzeptieren Sie das Weinen Ihres Kindes. Trösten Sie es! Stehen Sie ihm aber auch mit Rat und Tat zur Seite, überlegen Sie sich mit ihm Lösungen, wie es mit dem Problem umgehen kann, das ihn zum Weinen gebracht hat. Vor dem anderen weinen zu können erfordert gegenseitige Zuneigung und gegenseitiges Vertrauen.

Alter Fürs Weinen gibt es keine Altersbegrenzung. Tränen müssen immer fließen dürfen.

Wie Wie verhalten Sie sich, wenn Ihr Kind weint? Achten Sie darauf, was Ihr Kind braucht: In den meisten Fällen ist es einfach wichtig, da zu sein. Lassen Sie seine Gefühle zu, wehren Sie sie nicht ab, beschwichtigen Sie nicht. Dann findet Ihr Kind auch den Ausdruck, der es befreit. Manchmal tut es ihm gut, wenn Sie es dabei in die Arme nehmen oder Ihre Hand auf seine Schulter legen. Es kann aber auch sein, dass Ihrem Kind beim Weinen bereits hilft, dass Sie neben ihm sitzen, ohne es körperlich zu berühren. Achten Sie einfach auf seine Körpersprache, dann spüren Sie, was es von Ihnen benötigt.

Lassen Sie Ihrem Kind Nähe und Distanz auch beim Weinen selbst bestimmen, dann kann es sich aussuchen, was es von Ihnen annehmen möchte und was nicht. `Vorgehen`

Weinen kostet Tränen. Tränen sind psychologisch wichtig, sie reinigen die Seele. `Aufwand`

Das Vaterbild hat sich in den letzten dreißig Jahren stark verändert. Heute wenden sich Väter ihrem Kind bewusst zu, sie haben ein offenes Ohr für ihr Kind und nehmen es ernst. Auch Gefühle spielen eine immer wichtigere Rolle in der Vater-Kind-Beziehung. Väter vermitteln ihren Kindern immer mehr, dass sie sich ihrer Tränen nicht zu schämen brauchen.

Beistehen, wenn's brennt

Seit Uwe 16 ist, hält er sich für ziemlich erwachsen. Nichts und niemand soll ihm noch sagen, wo es langgeht. Auch nicht sein Vater. Uwe steckt schon mal 5 Euro ein, wenn die in der Küche herrenlos herumliegen, bedient sich an Pauls Zigarren, und den Schnaps hat er auch schon probiert. Der hat ihm aber nicht wirklich geschmeckt. Wenn er ehrlich ist, mag er auch die Zigarren nicht besonders, aber die sind eben so cool.

Zur Schule geht er «noch», wie er sagt. Ziemlich lustlos zwar, aber mit den Eltern, vor allem mit dem Vater, will er es sich doch nicht ganz verscherzen. Auf Lernen hat er *«Das vergesse ich dir nie, Papa!»* uwe, 16 Jahre, Sohn von Paul «null Bock», so hat er sich in Mathe in der Schularbeit zum ersten Mal eine schlechte Note eingefangen. Dafür schämt er sich, denn Mathe ist eigentlich seine starke Seite, in Naturwissenschaften ist er begabt. Damit er sich vor dem Vater nicht blamiert, unterschreibt er an seiner Stelle die Klassenarbeit. «Merkt sowieso keiner!»

Leider kommt es anders. Vier Tage später hat der Rektor der Schule Uwe, seinen Vater und den Mathelehrer zu sich vorgeladen. Im Rektorenzimmer wird Paul damit konfrontiert, dass Uwe seine Unterschrift gefälscht hat. Paul ist wie vom Blitz getroffen, er erstarrt innerlich. «Verdammt, dieser Satansbraten!», denkt er. Irgendwie gelingt es ihm trotzdem, äußerlich kühl zu bleiben. Eindringlich sieht er seinen Sohn an. Dann schaut er auf die gefälschte Unterschrift. Schließlich sagt er: «Meine Herren, ich weiß nicht, was das soll, das ist eindeutig meine Unterschrift. Sie sieht vielleicht ein wenig ungelenk aus, aber Sie müssen verstehen, ich habe vorher zwei Stunden lang mit einer Schleifmaschine unsere Eingangstüre von mindestens sieben Schichten Farbe befreit. Da haben mir wohl ein wenig die Hände gezittert.» Der Rektor sieht Paul fragend an. Widerstrebend meint er: «Gut, wenn das so ist! Dann tut es uns leid, dass wir Uwe verdächtigt haben. Es ist nur so, dass er zurzeit insgesamt etwas schwierig ist.» – «Ja, da haben Sie recht, da werde ich wohl mal ein ernstes Wort mit ihm reden müssen», sagt Paul. «Komm, Junge, lass uns gehen!»

Uwe wirkt geknickt, seine Augen sind feucht geworden. Auf der Straße angelangt bricht ein «Danke, Papa!» aus ihm heraus. Dann weint er. Paul nimmt ihn lange in den Arm. Schweigend gehen sie nach Hause.

Von da an hat Uwe keine Schwierigkeiten mehr in Mathematik und auch nicht in der Schule.

Psychologie Dem Kind beizustehen, wenn es darauf ankommt, ist eine Paradedisziplin für Väter. Wenn Ihr Kind Sie an seiner Seite weiß, dann geht es sicherer durchs Leben!

Alter Von Kindesbeinen an – ad infinitum! Ein Vater bleibt immer ein Vater, auch wenn das Kind bereits ins Leben entlassen wurde. Und Beistand braucht Ihr Kind auch als Erwachsener in bestimmten Situationen.

Wie geben Sie richtig Beistand? Ihrem Kind beistehen Wie heißt nicht, alles, was es tut, zu akzeptieren. Im Gegenteil, Ihr Beistand kann durchaus auch eine aufgebrachte Diskussion über Richtig und Falsch sein. Wichtig ist, dass Ihr Kind spürt, dass es in schwierigen Situationen nicht alleine ist.

Beistand lässt sich nicht organisieren. Es gilt, da zu sein, Organisation wenn Ihr Kind Sie braucht.

Wie viele Ideen für eine bessere Vater-Kind-Beziehung kos- Aufwand tet auch Beistehen kein Geld. Doch es verlangt eine Auseinandersetzung mit Ihren Werten und mit Ihrem Kind. Kurz gesagt: Es kostet unter Umständen Nerven.

Für Ihr Kind ist es besonders wichtig, jemanden an seiner Seite zu wissen, einen Menschen, der ihm beisteht – gerade dann, wenn ihm der Wind des Lebens etwas rauer ins Gesicht weht. Kinder, besonders Söhne, brauchen den Beistand ihrer Väter, damit sie zu Menschen reifen, die aufrecht durchs Leben gehen.

Stärke zeigen

Für Oliver ist es immer ein Kampf, wenn er mit seiner 4-jährigen Tochter im Supermarkt einkaufen geht. Meike liebt Süßigkeiten. Schon beim Eingang beginnt sie aufzuzählen, was sie alles will: «Schokolade, Kaugummi, Gummibärchen, Kekse …» – «Nur eines davon», sagt Oliver ganz ruhig zu ihr. «Ich will aber mehr», antwortet Meike schon etwas lauter. «Mehr gibt es nicht», Oliver bleibt hart. Derweil ihr Vater im Supermarkt etwas sucht, lädt Meike Süßigkeiten in den Einkaufswagen. «Der Versuch war nicht schlecht», sagt Oliver

«Nein, das darfst du nicht!»
Oliver, Vater von Meike, 4 Jahre

und lädt die Sachen wieder aus. An der Kasse versucht Meike noch einmal ihr Glück. Sie beginnt zu schreien und zu toben und wirft sich trotzig auf den Boden. Andere Kunden schauen schon abfällig zu Oliver hin. Der bleibt unbeeindruckt. Er lässt seine Meike schreien und toben, er achtet nur darauf, dass sie keinen anderen Kunden behindert. Irgendwann merkt Meike, dass sie mit ihrem Manöver keinen Erfolg hat. Sie steht schmollend auf und verlässt mit ihrem Vater den Supermarkt.

Als Meike zwölf Jahre alt ist, riecht Oliver Zigarettenrauch an ihrer Kleidung. Er stellt sie zur Rede. «Die anderen haben geraucht, ich habe nur zugeschaut», sagt Meike. Oliver bittet sie, ihre Taschen auszuleeren. Meike wehrt sich. «Du hast mir nichts zu sagen!», entfährt es ihr. Oliver schaut ihr in die Augen und sagt nur: «Sag das nie wieder!» Meike weiß, dass sie zu weit gegangen ist. Widerstrebend leert sie ihre Taschen, eine angebrochene Packung Zigaretten fällt dabei heraus. Oliver gibt Meike einen Monat Hausarrest; er will nie wieder Zigaretten bei ihr finden. «Ab 18 kannst du selbst entscheiden, bis dahin bin ich für dich verantwortlich.»

Als Oliver vermutet, dass Meike heimlich kifft, ist sie gerade mal 16. Sie bestreitet das jedoch. Oliver bleibt skeptisch und nimmt sich deshalb einen Tag frei, um ihr zur Schule zu folgen. Einen Block vor der Schule sieht er, wie mehrere Jugendliche sich bei einem jungen Mann kleine Päckchen abholen. Seine Tochter ist auch dabei. Als sie in der Schule verschwunden ist, geht Oliver zu dem Mann und sagt zu ihm: «Ich werde die Polizei alarmieren und ihr mitteilen, was hier läuft. Ich weiß, Sie werden woanders weitermachen. Aber sehen Sie sich dieses Gesicht an,» – dabei zeigt er ihm ein Foto seiner Tochter – «wenn ich höre oder sehe, dass dieses Mädchen noch einmal Drogen bekommt, dann suche ich Sie, und Sie können sicher sein, dass ich Sie finde.» Der Dealer macht sich schleunigst aus dem Staub. Jahre später erzählt Meike, dass er ihr nie mehr Drogen angeboten habe.

Ob eine direkte Konfrontation wie in Olivers Fall angemessen ist, muss jeder Vater für sich entscheiden. Aktiv werden und nicht zuschauen ist aber sicher der bessere Weg.

Nur wenn Sie stark sind, können Sie die für Ihr Kind so wichtigen Grenzen setzen. Durch Ihre Stärke lernt Ihr Kind auch die Kraft seines eigenen Neins kennen. Denn es muss lernen, selbst Nein zu sagen zu den Verlockungen, die es von seinem Weg wegführen würden. Nur wenn es an Ihrem kraftvollen Nein seine eigene Stärke entwickeln kann, wird es seinen Platz im Leben finden. *Psychologie*

Ihre Stärke braucht Ihr Kind in jedem Alter. *Alter*

Wie finden Sie das richtige Maß an Stärke? Dazu brauchen Sie einen Plan. Sie müssen wissen, was für Ihr Kind altersgerecht ist. Diesen Plan müssen Sie verteidigen. Die Macht Ihres Kindes muss langsam wachsen. Sonst lernt es nicht, damit umzugehen, und fühlt sich haltlos. *Wie?*

Die größte Gefahr für Väter ist, zu früh damit aufzuhören, Stärke zu zeigen. Gerade wenn Ihr Kind in die Pubertät kommt, braucht es eine kraftvolle Auseinandersetzung mit Ihnen. Nur dann kann es beginnen, seinen eigenen Weg zu gehen, und sich trotzdem gehalten fühlen. *Organisation und Gefahren*

Stärke zeigen kostet Kraft und Mut! *Aufwand*

Kinder lieben starke Väter, auch wenn nicht immer alles nach ihren Wünschen geht. Natürlich ist es wichtig, dass hinter Ihrem Nein ein Grund steht, selbst wenn Ihr Kind ihn oft noch nicht verstehen kann. Vieles wird es erst mit den Jahren nachvollziehen können, manches sogar erst dann, wenn es selbst Vater oder Mutter ist.

Reden braucht einen Plan

Grundsätzlich verstehen sich Eva und ihr Vater Josef sehr gut. Nur in einem Punkt kommt es immer wieder zum Streit. Obwohl Eva ihr eigenes Zimmer hat, liebt sie es, sich auf dem Küchentisch auszubreiten, sei es mit den Hausaufgaben, mit Bastel- und Stricksachen oder auch mit ihren Spielzeugpferden. Josef ist ein toleranter Mensch. Aber wenn er nach Hause kommt, möchte er in Ruhe eine Tasse Kaffee in der Küche trinken und dazu seine Zeitung lesen. Zwar verspricht Eva ihrem Vater immer wieder, das Chaos auf dem Küchentisch zu beseitigen, bevor er nach Hause kommt, insgeheim aber denkt sie: «Wegen der paar Sachen muss er doch nicht so einen Wirbel machen!» Und so vergisst sie ihr Vorhaben oft genug. «Du bist so schlampig», schimpft Josef. «Du bist so pingelig», kontert Eva. Meist herrscht dann zwischen den beiden Funkstille und sowohl Vater als auch Tochter ziehen sich zurück und meiden den Kontakt zueinander. «Schade», denkt sich Josef, «dass wir immer wieder aneinandergeraten müssen.» «Ich würde ja gerne gut mit ihm sein, aber er ist so was von kleinlich», denkt Eva.

«Wenn Papa mit mir schimpft, ist er jetzt fast immer fair.»
Eva, 12 Jahre, Tochter von Josef

Josef fällt dann ein Buch in die Hände: «Die Familienkonferenz» von Thomas Gordon. Unter anderem geht es darin um Ich-Botschaften, mit denen sich Konflikte besser klären lassen. Diese Idee fasziniert ihn so sehr, dass er sie gleich einmal ausprobieren möchte. Beim abendlichen Nachhausekommen findet er wieder einmal das gewohnte Chaos auf dem Küchentisch vor. Er setzt sich zu seiner Tochter und schaut ihr in die Augen. «Jetzt geht das schon wieder los», denkt Eva. «Eva, du weißt, dass ich dich sehr gerne habe», beginnt Josef. «Du hast heute deine ganzen Barbiesachen auf dem Küchentisch ausgebreitet.» (Objektive Beobachtung statt Kritik.) «Ich ärgere mich und es belastet mich, wenn ich den ganzen Tag im Büro um Ordnung kämpfen muss und dieser Kampf dann zu Hause mit dir weitergeht.» (Eigene Empfindung.) «Ich bin enttäuscht über dich, dass du trotz deiner Versprechungen nicht für Ordnung gesorgt hast, bevor ich heimgekommen bin. Ich habe das Gefühl, ich kann mich auf dich nicht verlassen.» (Ausdruck der Enttäuschung.) Eva ist irritiert. Die Gründe, die ihr Vater nennt, leuchten ihr ein, und dass er sich nicht auf sie verlassen kann, stimmt ja tatsächlich. Das tut ihr leid. Eva raunt ein «tschuldigung» und räumt den Tisch auf. Seither kann Josef, wenn er heimkommt, in Ruhe seinen Kaffee trinken. Sehr oft setzt sich Eva mit ihrem Kakao dazu und beide teilen sie sich die Zeitung; Papa nimmt den Sport- und Eva den Lokalteil.

Auch mit Kindern bewähren sich in Konfliktfällen diese Ich-Botschaften. *Psychologie* Die Bausteine sind: 1. Das Benennen des Punktes, der Sie stört. Dadurch werden Du-Botschaften und Schuldzuweisungen wie: «Du bist so schlampig» vermieden. 2. Das Offenlegen des eigenen Empfindens. Der Gesprächspartner bekommt damit eine Rückmeldung und erfährt, was sein Verhalten beim anderen auslöst. 3. Das Benennen der Hoffnungen, die enttäuscht wurden. Auch diese sind dem Gesprächspartner oft nicht klar. Meist hat für Töchter das Miteinanderreden einen größeren Stellenwert als für Söhne, weil Söhne oft stärker im gemeinsamen Tun mit dem Vater aufgehen und sie dabei das Reden manchmal sogar als störend empfinden. Die stärker beziehungsorientierten Töchter brauchen aber die Sprache, um sich immer wieder der guten Beziehung zum Vater vergewissern zu können.

Wenn Sie als Vater Ich-Botschaften anwenden, wird Ihr *Alter* Kind schon sehr früh positiv darauf reagieren. Selbst anwenden kann es diese erst mit sieben, acht Jahren.

Wie finden Sie die richtige Gesprächsform? Ich-Botschaf- *Wie* ten bewähren sich vor allem bei Konflikten und wenn Sie klare Grenzen setzen möchten.

Literaturvorschlag Thomas Gordon (2008): Familienkonferenz. Die Lösung von Konflikten zwischen Eltern und Kind. 47. Auflage, Heyne Verlag. – Marshall B. Rosenberg (2007): Gewaltfreie Kommunikation. Eine Sprache des Lebens. 6., veränderte Auflage, Junfermann Verlag. – Martine F. Delfos (2004): Sag mir mal … Gesprächsführung mit Kindern. Beltz Verlag.

Organisation und Gefahren Die skizzierte Kommunikationsform ist vor allem für Konflikte gut geeignet. Wenn Sie sie immer einsetzen, wird es sehr anstrengend und es besteht die Gefahr, dass die Gespräche mit Ihrem Kind ihre Lebendigkeit verlieren – behalten Sie sich diese also lieber für wirklich wichtige Themen vor.

Aufwand Diese Form des Redens kostet Sie die Auseinandersetzung mit Ihren Befindlichkeiten und Wünschen sowie den Willen, Konflikte fair zu regeln.

Das Reden mit Ihrem Kind ist für Sie meist angenehm und schön. Dennoch müssen Sie höchstwahrscheinlich immer wieder auch unangenehme Themen anschneiden.

Kochen macht erfinderisch

Einmal in der Woche haben Norbert und sein Vater einen frauenfreien Tag: immer mittwochs, wenn Norberts Mutter ganztags arbeitet. Dann kommt Pascal schon mittags nach Hause. Und damit er nicht wie üblich zunächst hinter der Zeitung versinkt und sich Norbert überflüssig vorkommt, haben die beiden ein gemeinsames Ritual eingeführt: Sie kochen das Mittagessen. Jetzt freuen sie sich immer schon auf Mittwochmittag. Gemeinsames Kochen ist dann Ehrensache.

Pascal geht das Ganze ziemlich locker an, er ist ein eher spontaner Typ. Wenn es nach ihm ginge, würde er einfach nachsehen, was im Kühlschrank ist, und daraus eine leckere Mahlzeit improvisieren. Norbert ist da ganz anders. Schon ein paar Tage vorher wälzt er die Kochbücher, für ihn ist es wichtig, immer wieder etwas Neues auszuprobieren. «Wenn es dir Spaß macht», meint Pascal. Er ist im Grunde ganz froh, dass Norbert die Planung in die Hand genommen hat. Er kocht und isst zwar gerne, aber diesen Aufwand würde er nicht treiben.

Heute ist Kaiserschmarren angesagt. Norbert hat das Rezept herausgesucht und seine Mutter gebeten, Pflaumenkompott zu besorgen. Mehl, Milch und Eier sind sowieso immer da. Norbert liest vor, Pascal sucht die Zutaten zusammen. Dann nimmt Pascal die Küchenwaage

«Seit ich kochen kann, finden mich die Mädchen noch cooler.»
Norbert, 13 Jahre, Sohn von Pascal

aus dem Schrank. Gemeinsam wiegen sie ab, Norbert trennt die Eier. Pascal schlägt Eischnee mit dem Schneebesen, verrührt die restlichen Zutaten in einer anderen Schüssel, bevor er zuletzt den Eierschaum unterhebt. «So wenig Elektrik wie möglich», auch das ist Ehrensache. «Schließlich haben wir Muskeln und nicht Pudding in den Armen», sagt Norbert dann immer. Norbert lässt die Butter in der Pfanne zergehen und gießt die lockere Masse hinein. Dann warten sie. Norbert möchte den Teig viel zu früh wenden. «Immer mit der Ruhe», ermahnt ihn sein Vater. Schließlich macht er schon seit seiner Kindheit Kaiserschmarren – als gebürtiger Österreicher ist natürlich auch das Ehrensache! Beim Wenden geht Pascal seinem Sohn zur Hand. Er zeigt ihm, dass es einfacher geht, wenn er die Pfanne leicht schräg hält. Als der große Pfannkuchen fertig gebacken ist, zerstückeln sie ihn und wenden ihn noch kurz in der Pfanne.

Dann auf zwei Teller verteilt, mit Puderzucker bestäubt und die Pflaumen dazu. «Himmlisch!», schwärmt Norbert. «Du sagst es, mein Sohn», pflichtet ihm Pascal anerkennend bei, «du wirst einmal ein Spitzenkoch!» – «Bin ich schon», setzt Norbert nach und fügt augenzwinkernd hinzu: «Mit deiner Hilfe.»

Norbert überlegt beim Essen, wie er die hübsche Veronika aus seiner Klasse mit seinen Kochkünsten beeindrucken könnte. Erst neulich hat sie gesagt, dass sie sehr gerne Kaiserschmarren isst. Nun erzählt er seinem Vater davon. Der muss lachen, dann sagt er: «Jetzt weiß ich endlich, wie du deine Gerichte auswählst!»

Psychologie Der Kochvorgang ist klar strukturiert und die Zeit ist begrenzt. Dabei können – wenn nicht gerade sehr komplizierte Gerichte zubereitet werden – gute Gespräche geführt werden.

Alter Ab etwa sechs Jahren ist gemeinsames Kochen möglich. Bei Ihrem Kind haben Sie einen großen Stein im Brett, wenn Sie sein Lieblingsgericht zubereiten können.

Wie Wie finden Sie das richtige Gericht? Diese Entscheidung sollten Sie mit Ihrem Kind gemeinsam treffen. Können Sie sich nicht einigen, kochen Sie eher das, was Ihr Kind will – schließlich wird es erst ins Kochen eingeführt und sollte auch mögen, was es fabriziert.

Literaturvorschlag Alexander Herrmann (2008): Küchenhelden. Kochspaß für Kinder. Gräfe und Unzer Verlag.

Organisation Bedenken Sie, dass Kinder einen anderen Geschmack haben als Erwachsene. Kinder lieben es meist süßer. Außerdem: Damit auch Ihre Frau die Küchenabenteuer schätzen kann, hinterlassen Sie und Ihr Kind die Küche am besten aufgeräumt.

Aufwand Aus dem Nichts etwas Köstliches zuzubereiten ist eine Kunst, die lediglich Fantasie erfordert.

Mit Ihrem Kind zu kochen ist eine gute Möglichkeit, zwanglos mit ihm ins Gespräch zu kommen. Wenn Sie selbst gerne kochen, ist es sehr wahrscheinlich, dass Sie Ihr Kind mit Ihrer Begeisterung anstecken. Gemeinsam kochen kann für Sie beide dann eine wichtige Vater-Kind-Aktivität werden.

Das Wandern ist des Müllers …

Bisher ging Georg immer alleine wandern. Weder seine Frau noch seine Tochter, die 9-jährige Nina, hatten Lust dazu. Georg findet das schade, denn er liebt dieses Unterwegssein, bei dem er mit seinen Gedanken ganz im Hier und Jetzt ist. Georg verbringt sehr gerne die Zeit mit seiner Familie, so gönnt er sich maximal sechs Wanderungen im Jahr. Manchmal geht er mit Freunden, meist aber allein. «Es tut einfach gut, einmal so richtig abzuschalten», sagt er.

Georg versucht immer wieder, Nina auf eine Wanderung – die er dann natürlich auf sie abstimmen würde – mitzunehmen. Aber sie will nicht, sondern bleibt lieber bei der Mutter. Und so fragt er sie nicht mehr.

Ninas Geografielehrerin ist vom Wandern ganz begeistert und erzählt im Unterricht immer wieder von ihren Wandererlebnissen. Irgendwann macht es bei Nina «klick». «Ich will auch», weiß sie plötzlich. «Nimmt mich der Papa denn überhaupt noch mit?», fragt sie sich.

«Einfach ein Schritt nach dem anderen. Das tut richtig gut.»
Nina, 9 Jahre, Tochter von Georg

Beim Abendessen legt sie die Karten auf den Tisch: «Du, Papa, darf ich doch einmal mit zum Wandern?» Georg ist überrascht und erfreut zugleich: «Natürlich, übernächsten Sonntag, da gehe ich wieder.» «Wohin denn?», fragt Nina. «Eigentlich wollte ich eine Tour aufs Zwölferhorn machen, aber ich glaube, das ist noch zu schwierig für dich. Wie wäre es mit einmal rund um den Fuschlsee?» Nina sagt beides nicht viel, den Fuschlsee kennt sie vom Baden, unter einer Umrundung kann sie sich nichts Konkretes vorstellen. «Der Papa kennt sich aus, der wird es schon wissen», denkt sie und sagt «Ja».

Das Auto parken sie beim Schloss Fuschl und wandern um den See. Nina genießt den weichen Boden, den Blick auf den See, die Sonnenstrahlen auf der Haut. Fast fünf Stunden sind sie unterwegs, natürlich mit Pausen bei Tee und Broten.

Sie reden nicht viel miteinander, die zwei. Doch Nina stapft gerne neben oder hinter ihrem Vater her. Georg ist überrascht, wie gut seine Tochter durchhält. «Vielleicht können wir das nächste Mal doch auf das Zwölferhorn gehen», meint Nina begeistert.

Psychologie Wandern ist ein Paradebeispiel dafür, dass Sie für Ihr Kind das Tor zur Welt sind. In leichtem Gelände können Vater und Kind Nähe und Distanz gut austarieren – ein wichtiger Schritt für die Autonomie Ihres Kindes. Wenn es dann etwas gefährlicher wird, ist es gut, wenn Sie Ihrem Kind ganz klare Anweisungen geben und es auch mal an die Hand nehmen.

Alter Mit dem Wandern können Sie mit Ihrem Kind gar nicht früh genug beginnen. Wenn es drei Jahre alt ist, soll es aber nur so viel laufen, wie es mag. Da ist es dann gut, ein Tragegestell dabeizuhaben, in das Sie Ihr Kind notfalls setzen können. Wandern ist eine Form des Unterwegsseins, die Vater und Kind ein Leben lang miteinander pflegen können.

Wie Wie finden Sie die richtige Wanderroute? Beginnen Sie mit Spaziergängen. Dabei ist ein kleiner Bach oder Wasserfall unterwegs nie verkehrt. Steigern Sie Länge und Schwierigkeitsgrad langsam. Besprechen Sie die Routen mit Ihrem Kind. So werden sich die richtigen Wege von selbst ergeben.

Literaturvorschlag Mirjam Hempel (2007): Familienberge – das etwas andere Wanderbuch. Blv Buchverlag. – Michael Pröttel (2005): Mit Kindern ins Gebirge. Bruckmann. Studieren Sie die Wanderführer der Region, die Sie mit Ihrem Kind ins Auge gefasst haben. Für viele Gebiete gibt es eigene Literatur fürs Wandern mit Kindern oder mit der ganzen Familie. Und auch das Internet hat zum entsprechenden Suchbegriff viel zu bieten.

Organisation und Gefahren Grundsätzlich können Sie Ihr Kind nur für das Wandern begeistern, wenn Sie selbst gerne wandern. Die große Gefahr ist, dass Sie sich zu stark nach Ihren eigenen Bedürfnissen richten und Ihr Kind überfordern. Achten Sie auf die richtige Ausrüstung, vor allem auf gutes Schuhwerk, Regenbekleidung, ausreichend zu trinken und gute Wanderkarten. Wenn Sie neue Wanderschuhe kaufen, bedenken Sie, dass diese erst eingelaufen werden müssen: zunächst also Spaziergänge oder kürzere Touren planen. Süßigkeiten können recht nützlich sein, wenn es für beide gilt, durchzuhalten.

Für ein Paar gute Kinderwanderschuhe mit geländetaugli- Aufwand chem Profil müssen Sie etwa 80 Euro ausgeben. Auch ein guter Rucksack schlägt schnell mit 50 Euro zu Buche. Aber der wird Sie dann auf vielen Wanderungen begleiten.

Wandern heißt von zu Hause in die Welt zu gehen. Viele Kinder lieben das, vor allem mit dem Papa. Die frische Luft, die schöne Umgebung, aber auch einmal Zeit mit dem Vater ganz allein zu haben, das genießt wahrscheinlich auch Ihr Kind.

Schwungvoll aus der Langeweile

Der 4-jährige Maxi liebt seinen Vater sehr. Hannes geht es genauso: «Für den würde ich durchs Feuer gehen», denkt er manchmal. «Ohne meinen Sohn könnte ich mir mein Leben gar nicht vorstellen.»

Wenn sich Hannes am Wochenende einmal mit einem Buch in den Garten setzen will, ist es vorprogrammiert, dass Maxi mit hängenden Schultern und bezirzendem Blick zu seinem Vater angetrabt kommt, mit den Worten auf den Lippen: «Papa, mir ist langweilig!» Auch wenn Hannes gerne weiterlesen würde, so strengt er sich dann immer besonders an: Fußballspielen, Ringkampf und vieles andere schlägt er vor. Hin und wieder lässt sich Maxi gönnerhaft zu einem dieser Vorschläge herab. Allerdings ist dieses Vergnügen meist nur von kurzer Dauer. Im gemeinsamen Gespräch kommen die Eltern zu dem Schluss, dass Maxi lernen muss, seine Langeweile auszuhalten. Erst dann wird es ihm möglich sein herauszufinden, was er will. Und er wird lernen, sich mit sich selbst zu beschäftigen.

Für Hannes ist das sehr schwer, ist er es doch gewohnt, seinem Lieblingssohn – schließlich ist es sein einziges Kind – alle Wünsche von den Augen abzulesen.

Doch ihm ist klar, dass Maxi nur dann seine eigenen Impulse zu spüren beginnt, wenn er die Zeit der Langeweile bewusst durchlebt. Maxi zieht alle Register, um Hannes in seine Rolle als Alleinunterhalter zurückzudrängen. Er tobt und schmollt. Als er anfängt, seinen Vater zu beschimpfen, weist ihn Hannes ordentlich in die Schranken. «Stopp, so redest du nicht mit mir!», sagt er in ziemlich scharfem Ton. So kennt Maxi seinen Vater gar nicht und er hört mit dieser Unsitte auf. Mit Weinen schafft er es beinahe. Gegen Mitleid mit seinem unglücklichen Sohn ist kein Kraut gewachsen. Doch ein Blick zu seiner Frau führt Hannes zu seinem eingeschlagenen Weg zurück. Maxi soll lernen, mit seiner Langeweile zurechtzukommen. Irgendwann gibt Maxi auf und beginnt, sich mit sich selbst zu beschäftigen. Wenn er später mit einem Vorschlag zu Papa kommt und der Zeit hat darauf einzugehen, ergeben sich oft lange und schöne Begegnungen. Hannes atmet durch: «Puh, das war ganz schön hart!», denkt er. «Lange hätte ich das nicht mehr durchgehalten.»

Heute ist Maxi acht Jahre alt. Sein Vater und er sind ein Herz und eine Seele. Hannes liebt es, viel mit seinem Sohn zu unternehmen. Mal macht er einen Vorschlag, mal sein Sohn. In letzter Zeit zieht sich Maxi immer wieder in seine Kuschelecke zurück, um zu lesen. Hannes sieht darin die Ernte dafür, die Langeweile zugelassen zu haben, und er ist schon verdammt stolz auf seinen Sohn. Und auch auf sich als Vater. Langeweile ist eben ein großer Motivator.

Ihr Kind muss lernen, dass Sie als Vater nicht dafür zuständig **Psychologie**
sind, seine Langeweile zu vertreiben. Nur indem Sie diesen
Auftrag verweigern, lernt es langsam, seine Interessen zu entdecken und sich selbst zu steuern. Ihre Geduld und Hartnä-
ckigkeit sind gefragt. Auf diese Art und Weise beginnt Ihr
Kind, auch Nähe und Distanz selbst zu bestimmen. Dies ist
ein wichtiger Schritt in seine Unabhängigkeit.

Ab einem Alter von drei Jahren ist es Ihrem Kind durchaus **Alter**
zuzumuten, sich für kurze – und dann für immer längere –
Zeit mit sich selbst zu beschäftigen.

Wie bemerken Sie die Langeweile Ihres Kindes? Keine **Wie**
Angst, es ist nur eine Frage der Zeit, bis Ihr Kind damit zu
Ihnen kommt.

Verena Kast (2003): Vom Interesse und dem Sinn der Lan- **Literaturvorschlag**
geweile. dtv.

Die Kunst, mit Langeweile umzugehen, besteht darin, eine **Organisation**
gute Balance zwischen Warten und dem Unterbreiten von Vorschlägen zu finden. Je kleiner Ihr Kind ist, desto weniger hält
es die Langeweile aus. Dehnen Sie langsam die Zeit aus, in der
sich Ihr Kind um sich selbst kümmern muss.

Mit Langeweile umgehen können ist einer der größten **Aufwand**
Sparfaktoren und ein Gewinn für alle. Viel zu viele Sachen
werden einfach gekauft, um der Langeweile zu entfliehen.
Meist liegen selbst sehr teure Dinge nach nur kurzem Ge-
brauch in der Ecke, um nie wieder verwendet zu werden.

Manche Väter glauben, sie müssten ihr Kind ständig unterhalten. «Nur keine Langeweile aufkommen lassen!», denken sie.
Doch es bedarf der Langeweile, damit Ihr Kind für sich entdecken kann, was es gerne tun würde.

Eine Handpuppe für eine Befindlichkeit

Leo ist vier Jahre alt und spielt am liebsten «Held sein». Seit sein Papa Klaus von einem Flohmarkt ein Puppentheater und zwei Schachteln mit Handpuppen mitgebracht hat, kann es Leo am Abend kaum erwarten, dass der Papa endlich nach Hause kommt.

Klaus arbeitet in der Verwaltung. Er kommt jeden Tag pünktlich um 18.00 Uhr nach Hause – und Leo steht schon auf der Matte. «Zuerst wird gegessen», sagt die Mama. Klaus ist ihr sehr dankbar dafür, denn er braucht einen kleinen Übergang, um nach dem Job ein wenig abzuschalten. Leo ist beim Essen schon ganz unruhig, er möchte endlich mit dem Papa die Puppen zum Leben erwecken.

«Meine Puppe ist die stärkste.»
Leo, 4 Jahre, Sohn von Klaus

Klaus hat für Leo eine eigene Puppe aus Pappmaschee gebastelt, Mama hat mit Stoffresten die Kleidung dazu geschneidert. Diese Puppe hat Leo zum Geburtstag bekommen und sich riesig darüber gefreut. Weil sie ihm so ähnlich sieht, heißt sie jetzt «Lausejunge Leo». Jeden Abend besteht der seine Abenteuer.

Für heute hat sich Leo eine Geschichte mit drei Teufeln ausgedacht. Klaus ist sehr gespannt und nach einer kurzen Probephase bitten sie die Mama zuzuschauen. Sie ist richtig stolz auf Leo, weil er so kreativ ist. Der Vorhang geht auf. Lausejunge Leo geht durch eine Wiese und pfeift dabei ein Lied. Plötzlich wird er von einem Teufel rücklings angegriffen. Mama sieht, wie sich Lausejunge Leo wehren kann. Der erste Teufel wird total vermöbelt. Leo tritt ab. Zwei Teufel betreten die Bühne. Beide spielt der Papa. Die zwei Teufel debattieren, wie sie Lausejunge Leo endlich eins auswischen können. «Wir stülpen ihm einen Sack über den Kopf und bringen ihn direkt zu uns in die Hölle», sagt der erste Teufel. «Dann rösten wir ihn auf kleiner Flamme und bieten ihn der Großmutter als

Mahlzeit an», sagt der zweite. Dann lachen beide Teufel und führen einen Teufelstanz vor. «Ha, denen werde ich es zeigen!», denkt sich Lausejunge Leo, der sich hinter dem Vorhang versteckt hat. Lausejunge Leo bewaffnet sich mit einem Prügel. Den hat ihm der Papa ebenfalls aus Pappmaschee gemacht. Er versteckt ihn hinter dem Rücken. Als sich die zwei Teufel auf ihn stürzen, wirbelt Lausejunge Leo den Prügel virtuos durch die Luft und besiegt nach einem langen und lauten Kampf beide Teufel. Applaus von der Mama, großes Verbeugen von Vater und Sohn.

Das Spiel mit den Handpuppen bietet Ihrem Kind die Möglichkeit, alles, was es beschäftigt, in geschützter Form auszudrücken und zu verarbeiten. Das Wichtigste ist aber, dass es einfach Spaß macht. **Psychologie**

Das Spiel mit den Handpuppen kann schon mit drei Jahren beginnen, den Höhepunkt findet es bei Kindern zwischen vier und zehn Jahren. **Alter**

Wie finden Sie die richtige Puppe? Meist fühlen sich die Kinder zu einer bestimmten Puppe hingezogen, die sie dann eine Zeitlang begleitet. Oft spielen die Kinder damit immer wieder ähnliche Geschichten. Lesen Sie dazu auch den Tipp «Geschichten vorlesen» auf Seite 130. **Wie**

Sorgen Sie als Erwachsener für eine gewisse Strukturierung des Spiels. Dass die Szenen chronologisch aufeinander folgen, dass ein Stück einen Anfang, einen Höhepunkt und ein Ende hat usw. – immer zugunsten des Helden. Lassen Sie Ihr Kind ruhig bestimmen, welche Rolle Sie in der Geschichte spielen sollen. Ihrem Sohn tut es gut, wenn er über das Spiel mit den Handpuppen zu seinen eigenen Abenteuern findet. **Organisation und Gefahren**

Einen Satz Handpuppen bekommen Sie schon ab 20 Euro, ein Kasperltheater – das sich auch leicht selbst basteln lässt – bereits ab 30 Euro. **Aufwand**

Kinder lieben Handpuppen. Egal ob Tiere, Kasperlfiguren, Zauberer oder Hexen. Intuitiv wählen sie die Puppen, die sie gerade brauchen, um ihre Befindlichkeit auszudrücken. Die Handpuppe bietet dem Kind eine Art Schutz, weil sie eine gewisse Distanz zur eigenen Person schafft und so Geschichten ausgedrückt werden können, die ohne Puppen zu viel Angst machen würden.

Drachen steigen lassen

«Papa, komm», ruft Alene begeistert. Hans-Günter sieht von seiner Zeitung auf, in Gedanken ist er noch bei der Vorankündigung des Meisterschaftsspiels seiner Fußballmannschaft. «Was ist los?», fragt er ein bisschen unwillig. «Der Huberbauer hat die Wiese beim Krauthügel gemäht, jetzt können wir dort endlich den Drachen steigen lassen», plappert sein Töchterchen los. «Ach, du meine Güte», denkt Hans-Günter, «ist es schon wieder so weit?» Laut sagt er: «Super, ich habe mich schon richtig darauf gefreut», und als er in die erwartungsvollen Augen seiner Alene sieht, freut er sich wirklich.

Gemeinsam gehen sie in das Kellerabteil ihrer Wohnanlage, «auf Drachensuche», sagt Alene. Dabei kommt ihnen so allerhand in die Hände. Oben auf dem alten Schrank finden sie ihn dann. Letztes Jahr haben sie ihn gemeinsam gebaut. «Oh, ich wusste gar nicht mehr, dass er so schön ist», sagt Alene. Hans-Günter bestätigt das. «Ja», sagt er, «du hast ihn ja auch so schön bemalt, sein lustiges Gesicht hat viele Kinder zum Lachen gebracht.»

Behutsam packen sie den Drachen in den Fahrradkorb von Hans-Günter, und schon sausen sie los zur herbstlichen Wiese. Dort haben sich schon einige Väter mit ihren Söhnen eingefunden, außer Alene sind nur noch zwei andere Mädchen dort, die ebenfalls mit ihren Vätern Drachen steigen lassen.

Dieses Jahr darf Alene mit der Schnur beginnen. Hans-Günter hält das hölzerne Dreieck, das dem Spitzdrachen seine Form gibt, Alene spannt die Schnur, schaut zu ihrem Vater, der nickt. Alene und ihr Vater laufen los, und als Hans-Günter den Wind im Drachen spürt, lässt er ihn los, und schon schießt der Drachen nach oben. Alene gibt Schnur und nach kurzer Zeit schwebt ihr Drachen hoch in den Lüften. «Unserer ist am höchsten», jubelt sie.

«Schau, Papa, sooo hoch!»
Alene, 8 Jahre, Tochter von Hans-Günter

Gemeinsam zu erleben, wie sich ein – vor allem selbstgebauter – Drache in die Lüfte erhebt, ist für Vater und Kind ein erhabenes Gefühl. Miteinander die Kraft des Windes zu erleben und sie für sich zu nutzen, lassen Vater und Kind sich als ein Spitzen-Team erleben. Davon kann Ihr Kind – auch später im Beruf – nur profitieren. **Psychologie**

Das Bauen eines Drachens verlangt ein hohes Maß an Präzision und das Steigenlassen eine genaue Abstimmung aufeinander. Aus diesen Gründen funktioniert das meist erst, wenn Ihr Kind zumindest sechs Jahre alt ist. Probieren Sie es einfach aus, seien Sie nicht enttäuscht, wenn es beim ersten Mal noch nicht klappt oder Ihr Kind noch nicht so richtig davon begeistert ist. **Alter**

Wie finden Sie die richtige Form? Einfache Bauanleitungen finden Sie im Internet, zum Beispiel unter: *http://www.uhu.de/juniorclub/06_entdeckungsreise/drachen/spitzdrachen.pdf* Lassen Sie Ihr Kind wirklich mitarbeiten, auch mitüberlegen, dann wird das Drachenbauen und auch das Steigenlassen richtig spannend. Eine Drachenleine darf nicht länger als 100 Meter sein und muss aus spezieller Drachenschnur bestehen. Eine stark gespannte Leine kann Schnittwunden verursachen, darum sollten Sie besser Handschuhe tragen. Achten Sie auch darauf, dass Sie und Ihr Kind beim Drachensteigen ein größeres freies Feld zur Verfügung haben, ohne Bäume, ohne Häuser und, ganz besonders wichtig, ohne Strommasten. **Wie**

Literaturvorschlag Massimo Mula (2009): Drachen bauen: Kinderleichte Himmelsstürmer mit Fluggarantie. Frech Verlag.

Organisation Überzeugen Sie sich davon, dass Ihr Kind den Drachen kontrollieren kann, bevor Sie ihn in seine Hände geben.

Aufwand Die Materialkosten für einen einfachen Spitz- oder Dreiecksdrachen belaufen sich auf nicht viel mehr als 5 Euro. Dazu kommt die Bastelzeit, die je nach Ausführung einige Stunden betragen kann. Aber was ist das schon, wenn Sie dafür mit dem Jauchzen Ihres Kindes belohnt werden.

Drachen steigen lassen ist nicht nur etwas für große und kleine Jungen. Dieses Erfolgsgefühl, wenn sich der Drachen in die Lüfte erhebt und dort seine Kreise zieht, ist auch für Mädchen einfach unbeschreiblich. Vor allem dann, wenn Vater und Tochter den Drachen selbst gebaut haben.

Mein Kind ist das erste Mal verliebt

Der 11-jährige Oliver ist ein Bewegungstalent: Er spielt im Fußballverein, im Tennisclub und ist in beiden Vereinen in der jeweiligen Wettkampfmannschaft seiner Altersstufe. Wenn er sich bisher überhaupt für Musik interessiert hat, dann am ehesten noch für Hip-Hop. So ist sein Vater etwas überrascht, als ihn Oliver plötzlich über klassische Musik auszufragen beginnt. Vor allem möchte er ganz genau wissen: «Welchen Platz hat denn eine Geige im Orchester?» Alexander erklärt ihm das, so gut er kann, aber er ist selbst kein Spezialist in diesen Dingen und so will er ihn schon zur Mutter weiterschicken. Da blitzt ein Gedanke in ihm auf und er fragt seinen Sohn: «Wieso willst du das eigentlich wissen?» – «Nur so», sagt Oliver und fügt nach einer längeren Pause hinzu: «Na ja, eigentlich ist es so, dass ja die Katharina aus meiner Klasse Geige spielt, und ich weiß nicht recht, wie ich ein Gespräch mit ihr anfangen soll», druckst er herum. «Du bist verliebt», sagt Alexander lachend. «Nein», meint Oliver vehement, «ganz bestimmt nicht!» Kurze Pause. «Oder, na gut, ein bisschen.» – «Das ist doch schön, wenn du verliebt bist! Und entschuldige mein Lachen, aber ich finde es toll, dass es dich erwischt hat», sagt der amüsierte Vater.

«Weißt du», schwärmt Oliver, «die Katharina ist nicht nur das schönste Mädchen in der Klasse, für mich ist sie das schönste Mädchen auf der ganzen Welt.» – «Welche Haarfarbe hat sie denn?», will Alexander wissen. «Braun», sagt Oliver, «und sie hat blaue, ganz helle Augen und ein Grübchen am Kinn und gescheit ist sie auch.» – «Das bist du ja auch», sagt Alexander. Oliver errötet leicht. Aber dann fragt er, wie man überhaupt einen Liebesbrief schreibt. Das will ihm Alexander gerne zeigen, findet aber, dass es dafür noch zu früh sei. Er gibt seinem Sohn den Rat, so etwas langsam anzugehen: «Ich finde deine Idee gut, zunächst einmal längere Gespräche mit ihr zu führen, über die Musik, die sie toll findet, und so. Dann siehst du schon, ob sie dich mag. Weißt du, am meisten schätzen die Frauen an Männern, wenn die zuhören können. Frag sie einfach das, was dich an ihr interessiert, so kommt ihr euch am natürlichsten näher. Und dann kommt der Liebesbrief.» Oliver ist überrascht: Das hätte er seinem Vater gar nicht zugetraut, dass der da echt Bescheid weiß. Vielleicht kann er doch noch einiges von ihm lernen.

«Papa, wie schreibt man einen Liebesbrief?»
Oliver, 11 Jahre, Sohn von Alexander

Hermann bringt seine Tochter Elisabeth wie fast jeden Abend zu Bett. Genüsslich kuschelt sich die 9-Jährige in ihr Federbett und Hermann sitzt am Bettrand und betrachtet sie voller Stolz. «Mann, die wächst so schnell, da kann ich ja fast zuschauen.» – «Du, Papa», reißt ihn seine Tochter aus den Gedanken, «ich muss dir etwas Wichtiges sagen, aber ich traue mich nicht so recht.» – «Sag schon, ich werde dir sicher nicht den Kopf abreißen», meint ihr Vater entspannt. «Also, ich habe ja als kleines Mädchen immer gesagt, dass ich dich heirate, wenn ich groß bin. Aber das geht nun doch nicht.» Hermann muss schmunzeln. «Da bin ich jetzt aber enttäuscht», sagt er lächelnd. «Aber weißt du, ich hätte dich ja doch nicht heiraten können, weil ich ja schon mit der Mama verheiratet bin.» – «Puh, da bin ich aber froh», meint sein Töchterchen erleichtert, «weißt du, irgendwie finde ich dich jetzt doch ein bisschen zu alt.» – «Ja, da hast du natürlich recht», pflichtet ihr Hermann bei, «aber für mein Alter bin ich doch noch gut in Form», meint er leicht zweifelnd. «Und ob!», beeilt sich Elisabeth zu sagen, «und überhaupt bist du der beste Papa auf der ganzen Welt.» – «Da bin ich aber beruhigt», meint Hermann und atmet tief durch. Er will sie schon umarmen und ihr einen Gutenachtkuss geben, da setzt Elisabeth noch zögernd nach: «Du, Papa, ich muss dir noch was sagen, ich glaube, ich bin verliebt.» – «Oh, wie schön, in wen denn?», will ihr Vater wissen. «In den Joachim aus meiner Klasse, ich glaube, er mag mich auch, aber er ist sooo schüchtern, ich weiß nicht, was ich machen soll», erzählt sie. «Ui, das ist schwierig», meint Hermann, «ich glaube, da müssen wir nach einem Stufenplan vorgehen.» Hermann meint, dass Elisabeth sich vor allem auf ihr Lächeln und ihre leuchtenden Augen verlassen soll. Jungen fühlten sich überfordert, wenn Mädchen sie direkt ansprechen würden. Stattdessen würden sie lieber das Gefühl haben, den ersten Schritt zu machen. Elisabeth ist begeistert, die Erklärungen leuchten ihr ein. «Aber wenn du Joachim anlächelst und anstrahlst, nimmst du ihm seine Schüchternheit, dann traut er sich bestimmt.» «Raffiniert, so toll hat es mir nicht einmal die Mama erklärt.» Hermann ist stolz und gerührt. «Und wenn das nicht funktioniert?», hakt Elisabeth noch nach. «Dann kommt Stufe 2, aber die verrate ich dir erst, wenn Stufe 1 nicht klappt.»

Ihr Kind verinnerlicht, wie Sie mit Ihrer Partnerin leben, wie Psychologie Sie ihr Zuneigung und Liebe zeigen. Wenn Sie Ihre Frau zärtlich bei der Hand nehmen oder sie küssen, nimmt Ihr Kind diese Bilder auf. Sie leiten es, wenn es beginnt, Beziehungen mit dem anderen Geschlecht einzugehen. Ihr väterliches Gespräch hilft Ihrem Kind dabei. Spätestens dann ist es auch notwendig, mit ihm über Sexualität zu sprechen. Stimmen Sie sich dabei gut mit Ihrer Frau ab, Mädchen fühlen sich meist bei einem Aufklärungsgespräch mit der Mutter wohler als mit dem Vater. Für Ihre Tochter aber sind Sie der erste gegengeschlechtliche Lernpartner. Bezirzen und Flirten lernt Ihre Tochter durch Sie. Durch ihre väterliche Beziehung entwickelt sich ein Männerbild in Ihrer Tochter. Sie tragen wesentlich dazu bei, dass Ihre Tochter tragfähige, lebenswerte Beziehungen zu Männern haben kann.

Ab neun, zehn Jahren beginnen sich Kinder meist für das Alter andere Geschlecht zu interessieren.

Wie finden Sie die richtige Hilfestellung für Ihr Kind? Wie Wichtig für Sie ist, dass Sie auch bei etwas heikleren Themen unbefangen und natürlich mit Ihrem Kind sprechen. Hören Sie zu, bestätigen Sie es, seien Sie auch bei Liebeskummer ein Ansprechpartner für Ihr Kind!

Jan-Uwe Rogge, Rosemarie Donnenberg (2008): Von we- Literaturvorschlag gen aufgeklärt! Sexualität bei Kindern und Jugendlichen. Rowohlt Taschenbuch. – Trude Ausfelder (2004): Alles, was Jungen wissen wollen. Klopp Verlag.

Die Gefahr besteht darin, zu viel zu organisieren. Geben Organisation und Gefahren Sie Ihrem Kind also nicht zu viele Ratschläge, sondern lassen Sie es seine eigenen Erfahrungen machen.

Ist es nicht toll, dass Liebe nichts kostet? Außer – von Zeit Aufwand zu Zeit – Nerven.

Kleinkinder verschiedenen Geschlechts spielen noch unbefangen miteinander. Ab etwa vier Jahren – wenn die Kinder die

Geschlechtsunterschiede langsam verinnerlichen – fühlen sich Buben mehr zu Buben und Mädchen mehr zu Mädchen hingezogen. Noch mit acht, neun Jahren wollen Buben nichts mit Mädchen zu tun haben. «Oh nein, Mädchen!», stöhnen dann viele. Mit neun, zehn ändert sich das aber oft schlagartig. Mädchen gehen dann lieber zu ihrer Mutter, wenn sie über Jungen reden wollen. Doch Sie als Vater sind natürlich eigentlich der Spezialist für Ihre Tochter, wenn sie wissen will, wie Jungs ticken. Manchmal wird sie deshalb auf Sie zukommen – dann braucht sie Ihren Rat.

Winter

Der Winter ist grundsätzlich die Zeit der
Regeneration. Wir verbringen viel Zeit
bei künstlicher Beleuchtung und das
natürliche Licht der Sonne fehlt uns.
Dadurch bildet die Zirbeldrüse im
Gehirn mehr von dem Hormon Melatonin.
Für uns Menschen heißt das, dass sich der Körper eher auf
Ruhe und Winterschlaf einstellt und unser Stoffwechsel verlang-
samt wird. Wir benötigen mehr Schlaf als sonst. Doch keine
Regel ohne Ausnahme: Einige Kinder sind auch im Winter
energiegeladen und aufgedreht.
Ob die Flocken wirbeln oder die Winde pfeifen, auch im Winter
ist ausreichend Bewegung in frischer Luft wichtig für die
Gesundheit. Toben Sie also draußen, wann immer die
Zeit es zulässt. Doch kultivieren Sie auch das andere Extrem:
Faulenzen Sie miteinander und teilen Sie stille Aktivitäten.
Die Tipps geben Ihnen Anregungen dazu.
Die vielen Festtage laden außerdem ein, mit Freunden und
Verwandten zu feiern. – Advent, Nikolaus, Weihnachten,

Silvester, Neujahrsfest, Fasching: – zahlreiche unterschiedliche Gründe, um Rituale zu entwickeln und die Tage gemeinsam zu verbringen. Genießen Sie und Ihr Kind diese Begegnungen und erfreuen Sie sich daran. Auch für Ihr Kind ist es wichtig, mit vielen Menschen zusammen zu sein, denn wie sagt ein afrikanisches Sprichwort so schön: «Um ein Kind zu erziehen, braucht es ein ganzes Dorf.»

Streiten will gelernt sein

Der 9-jährige Michael hat ein neues Hobby: Wrestling. Fast alle Jungen aus seiner Klasse hat das Wrestling-Fieber gepackt. Gemeinsam inszenieren sie Schaukämpfe, bei denen den Mädchen der Atem stockt, auch wenn sie es mit einem achselzuckenden «Phhh!» abtun.

Sein Vater Frank hat große Vorbehalte gegen dieses Hobby, wenngleich es ihm gefällt, wie gekonnt sich Michael fallen lassen und wie eine Katze abrollen kann. Und tatsächlich: Seit sich Michael mit Wrestling beschäftigt, geht er viel aufrechter und selbstbewusster durch die Welt.

«Richtig streiten gehört zum Wichtigsten, was Väter ihren Kindern beibringen können.»
Frank, Vater von Michael, 9 Jahre

Natürlich eifert Michael seinen Wrestling-Helden nach, dem Undertaker, Batista und vielen anderen. Sehr gerne würde er deren Kämpfe auch im Fernsehen verfolgen, aber sie werden erst ab 22.00 Uhr gezeigt. «Ist doch alles nur Show, die tun sich doch gar nicht weh», versucht er seinen Vater zu überzeugen. «Ich will aber nicht, dass du so lange aufbleibst, weil du dann am Morgen nicht aus den Federn kommst», antwortet Frank. «Bitte, Papa, nur einmal, einmal die Wrestler im Fernsehen sehen.» – «Nein.» Sein Vater bleibt hart. «Dann mache ich immer meine Hausaufgaben gleich nach dem Mittagessen», ködert ihn Michael. «Das musst du sowieso», entgegnet sein Vater darauf. «Aber dann nörgle ich nicht mehr so viel», versucht Michael eins draufzusetzen. «Das klingt verlockend», meint sein Vater. «Es bleibt aber trotzdem bei Nein!» Michael versteht, dass er in diesem Punkt nicht mehr weiterverhandeln kann. 22.00 Uhr ist einfach zu spät. «Na gut, dann eben nicht», fügt er sich irgendwann dann doch, schließlich hat er noch seine Wrestler-Magazine.

Zum 10. Geburtstag seines Sohnes hat Frank sich eine Überraschung ausgedacht: Michael und er gehen in die Stadthalle. Dort sind nämlich Michaels Lieblings-Wrestler ab 20.00 Uhr live zu sehen. Auf diese Weise erkennt Frank das Hobby seines Sohnes an und kann trotzdem seine Autorität wahren, was die häuslichen Regeln betrifft.

Durch verlässliche Grenzen geben Sie Ihrem Kind Sicherheit. Psychologie Auch wenn es Ihnen oft zu verstehen gibt, dass es diese Grenzen gar nicht mehr braucht. Im Streit und Konflikt schiebt Ihr Kind diese Grenzen jedes Mal ein Stück weiter hinaus, sodass sein sicherer Rahmen immer weiter wird. Obwohl die altersgerechten Grenzen nicht durch Diskussionen verschoben werden sollen – sonst würde Ihr Kind über Sie bestimmen –, ist es wichtig, sich immer wieder einmal diesen Diskussionen zu stellen. Denn dabei lernt Ihr Kind die Kunst des Streitens.

Wenn Sie mit Ihrem Kind streiten, wird es – zumindest am Anfang – an Ihnen liegen, wieder auf Ihr Kind zuzugehen. Sie sind der Erwachsene. Wahrscheinlich ist ihr Kind innerlich zu verhärtet, um von sich aus eine Klärung und Versöhnung einzuleiten. Sobald Ihr Kind formulieren kann, was es verletzt hat, ist es meist möglich, zu einer für beide Seiten akzeptablen Lösung zu finden und sich wieder zu versöhnen. Leiten Sie eine Versöhnung zwischen Ihnen und Ihrem Kind so bald als möglich ein. Ein Sprichwort aus Wales lautet: «Wo Liebe ist, da ist Versöhnung leicht.»

Konflikte müssen Sie mit Ihrem Kind in jedem Alter austragen. Den Fortschritt merken Sie daran, dass die «Klinge» der Argumentation immer feiner wird.

Wie kann man Konfliktfähigkeit trainieren? Das ist keine Schwierigkeit! Wenn Sie Ihr Kind ohne große Repressalien erzogen haben, diskutiert und streitet es wahrscheinlich mit Ihnen ohnehin immer wieder.

David McKee (2003): Du hast angefangen! Nein, du! Sauerländer Verlag. – Elisabeth Zöller, Brigitte Kolloch (2005): Du hast angefangen! Ellermann Verlag.

Natürlich müssen Sie Ihr Kind stoppen, wenn es über die von Ihnen gesetzten Grenzen geht. Sie müssen den Streit aber nicht immer sofort klären. Wenn Ihr Kind oder Sie selbst emotional dazu nicht in der Lage sind, ist es besser, eine Sache auf den nächsten Tag zu verschieben, als den Streit eskalieren zu lassen und die Nerven zu verlieren. Geben Sie Ihrem Kind aber ganz klar zu verstehen, dass Sie darauf zurückkommen werden. Der Grundsatz dabei ist: Schmiede das Eisen, wenn es kalt ist.

Konflikte können ganz schön Nerven kosten. Vergessen Sie dabei das Lachen nicht und freuen Sie sich, wenn Ihr Kind Fortschritte macht.

Wie sich Ihr Kind in der Welt behaupten kann, hängt auch davon ab, ob es gelernt hat, richtig zu streiten. Sie sind für Ihr Kind das Tor zur Welt. So liegt es auch an Ihnen, ihm das Streiten beizubringen.

Zeit ist ein kostbares Gut

«Papa, hast du morgen Vormittag Zeit für mich?», fragt der 7-jährige Achim seinen Vater Mario. «Nein», sagt Mario, «morgen Vormittag muss ich arbeiten. Aber nach dem Abendessen habe ich Zeit für dich.» – «Ich brauch dich aber am Vormittag. Morgen ist keine Schule und ich möchte so gerne mit dir den Schlitten reparieren. Mama sagt, es liegt Schnee in der Luft, und die Mama hat wirklich eine gute Nase dafür. Und stell dir vor, es kommt Schnee und ich hab keinen Schlitten, einfach schrecklich!» – «Wir können den Schlitten doch nach dem Abendessen reparieren», schlägt sein Vater vor. «Aber wenn es am Nachmittag schneit, dann hab ich keinen Schlitten», sagt Achim. Mario versteht seinen Sohn, aber er kann ihm leider nicht helfen. «Da wirst du den Nachmittag eben

«Ich will, dass der Papa Zeit für mich hat.»
Achim, 7 Jahre, Sohn von Mario

ohne Schlitten verbringen müssen», meint er. Doch noch während er spricht, merkt er, wie leid es ihm tut, gerade jetzt keine Zeit für seinen Sohn zu haben.

«Komm mal her, Achim, ich zeig dir was», sagt er zu seinem Sohn. Er malt einen Kreis. «Wird das ein Kuchen?», fragt Achim. «So was Ähnliches», sagt Mario. «Ich zeichne dir jetzt auf, wie das mit meiner Zeit aussieht. Dieser Kreis oder auch Kuchen ist ein ganzer Tag, Tag und Nacht sozusagen.» Mario schraffiert ein Drittel des Kreises rot. «Diesen Teil vom Kuchen muss ich arbeiten.» Er schraffiert ein weiteres Drittel des Kreises schwarz. «Diese Zeit muss ich schlafen.» – «Schwarz, weil es in der Nacht finster ist, gell, Papa?», sagt sein Sohn. «Genau!», antwortet Mario. Er schraffiert ein Zwölftel des Kreises blau. «Diese zwei Stunden brauche ich von zu Hause zur Arbeit und dann wieder zurück.» – «Blau, weil unser Auto blau ist?», fragt Achim. «Du sagst es», meint Mario. «Dann muss ich mich noch anziehen, duschen, frühstücken und manche Dinge erledigen», erklärt Mario seinem Sohn. «Hihi», lacht der. «Wieso lachst du?», fragt Mario. «Weil du zur Arbeit fährst, bevor du angezogen bist und weil du dich anziehst und dann erst duschst», sagt Achim. «Stimmt, das sollte ich lieber andersrum machen», meint Mario lachend und fährt fort: «Also, das macht jeden Tag zwei Stunden.» Er schraffiert ein weiteres Zwölftel des Kreises mit Grün. «Und dann, ja und dann, da bleibt mir noch dieser

Teil des Tages mit dir.» Enttäuscht sieht sein Sohn auf das noch verbleibende Sechstel des Kreises. «Was, nur so wenig!», bricht es aus ihm heraus. «Dafür ist das der schönste Teil meines Tages», sagt Mario und malt dieses Sechstel des Kreises golden an. Achim strahlt. «Und weißt du, was am allerschönsten ist?», fragt Mario seinen Sohn. «Nein!», antwortet der. «Am Wochenende ist der ganze Kuchen nur aus Gold.»

Psychologie Natürlich geht es immer um die Qualität der Zeit, die Sie mit Ihrem Kind verbringen. Doch je jünger es ist, umso mehr Zeit braucht es mit Ihnen. Auch wenn es im Beruf gerade sehr stressig ist, achten Sie darauf, dass Sie zumindest einmal am Tag Ihrem Kind länger begegnen. Rituale – zum Beispiel beim Einschlafen oder beim Essen – können Sie dabei unterstützen. Nur mit einem Minimum an Zeit können Sie eine tragfähige Beziehung und Bindung zu Ihrem Kind entwickeln.

Alter In meiner Forschungstätigkeit habe ich herausgefunden, dass es für Kinder förderlich ist, wenn ihr Vater unter der Woche ein bis zwei Stunden täglich mit ihnen verbringt. Diese Zeit nimmt mit zunehmender Eigenständigkeit der Kinder ab. So genügt für Jugendliche am Wochentag im Schnitt eine halbe Stunde. An den Wochenenden dagegen sollten es drei bis vier Stunden am Tag sein, egal wie alt das Kind ist.

Wie Wie finden Sie die richtige gemeinsame Zeit? Es ist nicht wichtig, was Sie und Ihr Kind gemeinsam machen, was zählt, ist Ihr Zusammensein. Es können durchaus auch alltägliche Dinge sein – zum Beispiel miteinander den Wochenendeinkauf erledigen.

Organisation und Gefahren Ihr Kind braucht Sie als Vater, aber Sie brauchen auch Ruhe und Entspannung. Ein übergangsloser Wechsel vom Berufs- in das Familienleben ist nicht möglich – und auch nicht sinnvoll. Gestehen Sie sich Übergänge zu, sonst besteht die Gefahr, dass Ihr aufgewecktes Kind Sie nervt und Sie nur mühsam und schlecht gelaunt mit ihm kommunizieren.

Es mag Sie Überwindung kosten, Ihre zeitlichen Prioritä- ten zugunsten Ihres Kindes in Ihrem Betrieb durchzusetzen, aber es lohnt sich!

Zeit ist kostbar, vor allem die mit Ihrem Kind. Erst durch die gemeinsame Zeit kann sich die Beziehung und Bindung zu Ihrem Kind entfalten und tragfähig werden.

Zirkus für Groß und Klein

Immer wenn der Winter naht, liegt Beate schon auf der Lauer. «Jetzt müsste doch bald der Zirkus wieder kommen», denkt sie. Mit dem Papa macht sie nicht mehr so viel wie früher. «Ich bin ja kein kleines Kind mehr!» Doch einmal im Jahr, wenn der Zirkus Knie in die Stadt kommt, dann müssen die beiden unbedingt gemeinsam dorthin. «Wie die große weite Welt», sagt Beate. «Genau», meint dann ihr Papa, «der Geruch nach Abenteuer.» Am Anfang fand Beate es schade, dass ihre Mutter nicht mitkam, weil sie eine Pferdehaarallergie hat. Jetzt genießt Beate es, einmal etwas nur mit ihrem Vater zu machen.

Beate sieht endlich ein Ankündigungsplakat. Und wirklich, am 15. November findet die erste Vorstellung statt. Sie ruft sofort ihren Papa Valentin an. «Was ist?», fragt der leicht genervt. «Du, der Zirkus ist wieder da», sagt Beate. «Super!» Prompt hat ihr Vater sein Genervtsein vergessen und fragt seine Tochter nach der Telefonnummer, um Karten zu bestellen.

«Wenn der Clown kommt, dann lacht meine Tochter.»
Valentin, Vater von Beate, 12 Jahre

Und dann ist es auch schon so weit. Valentin und Beate gehen in den Zirkus! So vieles ist ihnen vertraut. Sie lieben den Geruch und die Atmosphäre. Valentin fällt ein, wie oft er mit seiner Tochter Zirkus gespielt hat. Jedes Jahr haben sie das Spiel weiter ausgebaut, alle Rollen verkörperten sie selbst. Am liebsten hat Beate immer Löwe mit ihm gespielt, das waren schon sehr schöne Zeiten. Sie sitzen in der ersten Reihe: «Sauteuer, aber man gönnt sich ja sonst nichts», sagt der Vater. Der Zirkusdirektor eröffnet die Vorstellung. Valentin und Beate applaudieren. Mit den Seelöwen geht es los. Beate ist sich nicht sicher, ob die hier artgerecht gehalten werden. «Über solche Dinge haben wir früher nie nachgedacht», denkt ihr Vater. Schließlich applaudieren sie doch. Dann kommen die Elefanten.

Eine Nummer jagt die andere und schließlich kommt die, auf die sie schon lange gewartet haben: Pic, der Clown! Er betritt die Manege mit weißem Gesicht und einem langen Stock, an dem ein Drahtkreis befestigt ist. Den taucht er in einen Eimer Seifenlauge und zaubert Seifenblasen in verschiedenen Größen hervor. So erzählt er seine Geschichten, ganz ohne Worte. Vater und Tochter befällt ein kindliches Staunen und wie durch Zauberhand erscheint ein Lächeln auf ihren Gesichtern. «Das sind die Szenen, an die werden wir uns erinnern, wenn wir beide alt und grau sind», denkt Valentin. Manchmal stößt Beate ihn mit dem Ellbogen ganz leicht an, wenn Pic wieder etwas Besonderes macht.

Psychologie Für Ihr Kind ist es wichtig, dass es hin und wieder außerhalb des Alltags mit Ihnen in etwas Zauberhaftes, Magisches, Mystisches eintauchen kann. Gerade wenn die alltägliche Situation etwas angespannt ist, können solche Erlebnisse viele väterlichen Eigenschaften wie Zuneigung, Vertrauen und gemeinsame Interessen wieder aktivieren und so die Spannungen lösen. Im Zirkus können Vater und Kind gemeinsam lachen, gemeinsam staunen und gemeinsam zittern, ob die Trapeznummer auch wirklich gelingt.

Alter Der Zirkus ist für Kinder ab fünf, sechs Jahren geeignet. Wenn sie jünger sind, fürchten sie sich oft vor den Tieren oder vor Zirkusartisten mit Masken oder Schminke. Meist weckt der Zirkus das Kind in uns wieder. Dann können Sie mit Ihrem Kind – sozusagen von Kind zu Kind – den Zirkus genießen.

Wie finden Sie den richtigen Zirkus? Achten Sie auf die Wie Plakate. Vor allem kleinere Zirkusse haben oft nicht die Möglichkeit, in Zeitungen oder anderen Medien zu werben.

Wenn Ihr Kind noch klein ist, bleiben Sie immer in seiner Organisation und Gefahren Nähe. Große Menschenmengen könnten ihm Angst machen oder es könnte sich verlaufen. Spezielle Kindervorstellungen, die manche Zirkusse anbieten, sind geeignet, Ihr Kind in die Welt des Zirkus einzuführen.

Für gute Zirkuskarten müssen Sie pro Person mit 25 Euro Aufwand rechnen.

Für Kinder verkörpert der Zirkus auch heute noch die große weite Welt. Dort ist alles zum Anfassen, außer den Löwen natürlich. Es gibt das Laute und das Leise, das Fröhliche und das Traurige. Es gibt diesen Geruch nach Manege, nach Sägemehl und nach den Tieren. Es gibt Popcorn und Cola und nichts Schöneres, als mit dem Papa dorthin zu gehen.

Autonomie entwickelt sich

Günter und seine 3-jährige Tochter Stella zeichnen ein Haus, wissen aber nicht so recht, wie das Dach aussehen soll. Günter hat gerade den Stift in der Hand und will loslegen, da sagt Stella: «Nein, ich!», und reißt ihrem Vater den Stift aus der Hand. Günter lässt Stella gewähren und unterstützt sie sogar mit einem: «Ja, du! Ich bin schon gespannt, wie du das jetzt zeichnest.» Er begleitet Stellas Aktion mit aufrichtigen und anerkennenden Blicken, und Stella hat wieder einen wichtigen Schritt in Richtung Selbstständigkeit und Autonomie gemacht. Hätte Günter Stella weggestoßen und gesagt: «Jetzt zeichne ich, warte, bis du dran bist!», und hätte er vielleicht sogar noch draufgesetzt: «Du kannst das sowieso noch nicht!», hätte dies Stella zu der Erkenntnis geführt, den Anforderungen nicht gewachsen zu sein. Wenn ein Vater seinem Kind ständig die Dinge aus der Hand nimmt, ist es für das Kind nicht möglich, Autonomie zu entwickeln. Im Gegenteil: Es wird lebensuntüchtig.

Die 15-jährige Paula streitet mit ihrem Vater Peter wieder einmal, wie lange sie am Samstag in der Disco bleiben darf. Peter sagt: «Bis 23 Uhr!», Paula fordert: «Bis ein Uhr nachts!» Peter bleibt hart und Paula akzeptiert widerwillig.

Nun ist es Samstag, 23 Uhr, aber keine Paula in Sicht. Peter fährt mit dem Auto zur Disco und holt Paula heraus. Paula findet das uncool und peinlich. Innerlich akzeptiert sie jedoch Peters Handeln und ist sogar froh. Denn so muss nicht sie ihren Freundinnen sagen, dass sie gehen muss, stattdessen wird sie geholt.

«Ich will aber!»
Paula, 15 Jahre, Tochter von Peter

Peter hat eine klare Grenze gesetzt und aufgezeigt, wo Paula mit ihrer Autonomie steht: jedenfalls noch nicht am Ende ihrer Möglichkeiten. Paula muss sich noch einige Jahre lang dem Willen ihrer Eltern beugen.

Psychologie Ein wichtiger Teil Ihrer väterlichen Erziehung ist es, Ihr Kind auf dem Weg zu einem selbstständigen Menschen zu leiten und zu begleiten. In den letzten 30 Jahren hat sich die Rolle der Väter zwar stark verändert. Zu den vertrauten Werten wie Verantwortungsbewusstsein und Verlässlichkeit sind auch Eigenschaften mit deutlich emotionalem Charakter dazugekommen, beispielsweise seinem Kind mit Zuneigung, Offenheit und Verständnis zu begegnen und es ernst zu nehmen. Im Zusammenspiel zwischen Vater und Mutter gilt aber meist immer noch, dass die Mutter eher für Nähe zuständig ist und der Vater für Autonomie. Viele Mütter bestätigen dies, zum Beispiel die 43-jährige Daniela: «Wenn ich darüber nachdenke, hat mein Mann alle Outdoor-Aktivitäten übernommen: Radfahren und Rollerskaten zum Beispiel. Er ist mit ihnen zum Wandern und Campen gegangen – und Autofahren hat er ihnen auch beigebracht.»

Wie finden Sie das richtige Maß an Autonomie für Ihr **Wie** Kind? Von Geburt an strebt jeder Mensch sowohl nach Nähe als auch nach Autonomie. Das Streben nach beidem ist ein grundsätzliches menschliches Dilemma. Dieser Konflikt muss jeden Tag aufs Neue gelöst werden. Während ein Kleinkind, auch wenn es nach Autonomie strebt, immer noch von den Eltern beaufsichtigt werden muss, weitet sich der Radius der Autonomie mit zunehmendem Alter des Kindes immer mehr aus. Nach einem massiven Autonomie-Nähe-Konflikt in der Pubertät, den Ihr Kind mit Ihnen austrägt, wird es im Erwachsenenalter auf eigenen Beinen stehen. Für Sie als Vater ist es auch wichtig, den richtigen Zeitpunkt zu finden, wann Sie die sichernden Grenzen für Ihr Kind wieder ein Stück nach außen schieben können. Achten Sie auf die Autonomiebestrebungen Ihres Kindes und folgen Sie ihnen, ohne die Sicherheit Ihres Kindes zu gefährden.

Horst Petri (2007): Bloß nicht zu viel Liebe. Eltern und **Literaturvorschlag** Kinder zwischen Bindung und Freiheit. Kreuz-Verlag. – Sigrid Tschöpe-Scheffler (2007): Kinder brauchen Wurzeln und Flügel. Erziehung zwischen Bindung und Autonomie. Mathias Gründwald Verlag.

Beschneiden Sie das Streben Ihres Kindes nach Autono- **Gefahren** mie, kann das im schlimmsten Fall dazu führen, dass es sein Leben allein nicht meistern kann. Dann bleibt ihm nur die Alternative «Hotel Mama» oder «Hotel Papa».

Kein Geld. Ihr Kind braucht Ihre Achtsamkeit, Ihre Auf- **Aufwand** merksamkeit und konstruktive Auseinandersetzungen mit Ihnen!

Im Gleichgewicht zwischen Ihrer Nähe und Ihrer Distanz schreitet Ihr Kind in die Selbstständigkeit. Auch wenn Sie sich das bei Ihrem kleinen Kind noch gar nicht vorstellen können: Irgendwann – so um die 20 herum – wird es selbstständig und für sein eigenes Reden, Handeln und auch für seine Unterlassungen selbst verantwortlich sein. Sie als Vater tragen wesentlich dazu bei, dass Ihr Kind seine Autonomie gut entwickeln kann.

Faulenzen für Wilde

Markus ist sieben. «Ein Wildfang», sagt sein Vater Gustav. «Als ich so alt war, war ich genauso.» Markus und Gustav unternehmen viel miteinander. Sogar richtig abenteuerliche Sachen wie Skifahren und leichte Klettertouren wagen sie gemeinsam. Doch bei all ihrem Bewegungsdrang haben sie auch ein gemeinsames Ruheritual. Nach dem Mittagessen, vor allem am Wochenende, ziehen sich die beiden gerne in das große Doppelbett zurück. Sie spielen Bären zu Winteranfang. Sie rücken Federbetten und Polster so lange zurecht, bis sie sich eine große Höhle gebaut haben. Darin ziehen sie sich zurück.

Zunächst ist es nicht wirklich still: Noch wird etwas gerangelt, bis jeder seine ideale Ruheposition gefunden hat. Aber nach rund fünf Minuten zieht Markus sein Comicheft hervor und Gustav seinen Krimi und dann lesen die beiden eine Weile. Meist schlafen sie darüber ein. Zuerst Gustav und – weil sie vereinbart haben, dass sie einander mindestens eine halbe Stunde in Ruhe lassen – schließlich auch Markus, obwohl er das nicht wirklich will. Wenn Gustav ihn fragt, ob er denn geschlafen habe, sagt er natürlich «Nein». Mittagsschlaf sei ja nur was für Babys. Gustav lacht dann immer, natürlich hat er mitgekriegt, dass auch

«Selbst die wildesten Kerle lassen einmal die Seele baumeln.»
Gustav, Vater von Markus, 7 Jahre

Markus eingeschlafen ist. Aber auch das gehört zu ihrem Ritual.

Gustav hat dieses Ritual schon mit seinem älteren Sohn Lars gepflegt. Der ist heute 15. Als Lars neun Jahre alt war, wurde ihm der Mittagsschlaf zu kindisch. «Das ist schon in Ordnung», meinte Gustav damals. Immer wenn Gustav und Markus sich nun zu ihrem Winterschlaf zurückziehen, brummt Lars laut, dann lachen alle drei. In letzter Zeit kommt es immer mal wieder vor, dass sich auch Lars dazugesellt. Dann dauert das Rangeln etwas länger, aber danach genießen alle drei die gemeinsame Ruhe.

In der Beziehung zwischen Vater und Kind ist es wichtig, dass **Psychologie** es auch gemeinsame ruhigere Elemente gibt. Die im Schlaf nebeneinander verbrachte Zeit ist ein Miteinander, dass die Zuneigung vertiefen kann. Phasen der Ruhe dienen nicht nur der Regeneration. In ein Ritual verpackt, wird sie Ihr Kind richtig spannend finden.

Faulenzen können schon Babys mit ihrem Vater. Die meis- **Alter** ten Kleinkinder haben nichts gegen einen Mittagsschlaf oder gegen gemeinsames Faulenzen, wenn es darüber hinaus auch genügend andere «Aktivitäten» zwischen Vater und Kind gibt. Väter, die mit ihrem Kind nur faulenzen wollen, haben es auf Dauer jedoch schwer. Wenn ihr Kind verstärkt autonom werden und sich mit Freunden treffen will – ab einem Alter von etwa zehn Jahren –, hat es für das gemeinsame Faulenzen meist nicht mehr viel übrig. Das schließt nicht aus, dass es in der Pubertät fallweise gern wieder darauf zurückkommt. Gemeinsames Faulenzen kann durchaus noch in späteren Jahren ein hohes Maß an Lebensqualität bringen.

Wie finden Sie gemeinsame Ruhe? Gerade für kleine Kin- **Wie** der ist es schön, wenn das gemeinsame Faulenzen in einem Ritual zelebriert wird, so wie ich es oben beschrieben habe.

Die Kunst liegt in der Balance zwischen Aktivität und **Organisation**

Ruhe. Wenn diese Balance ausgewogen ist, wird Ihr Kind an beidem gleichermaßen Gefallen finden.

Aufwand   Ihr Einfallsreichtum ist gefragt, nicht Ihre Geldbörse.

Wahrscheinlich sind auch Sie und Ihr Kind sehr gerne aktiv. Action ist angesagt, die Welt will erobert werden. Gerade deshalb ist es wichtig, hin und wieder eine Gegenbewegung einzubauen. Innehalten, ruhiger werden, zu sich kommen und bei sich sein. Am besten gemeinsam – Vater und Kind.

Fernsehen als Time-out

Die 8-jährige Ellen und ihre um drei Jahre jüngere Schwester Sophie lieben ihren Vater sehr. Jeden Abend warten sie schon ganz aufgeregt, bis sie endlich den Schlüssel in der Tür hören. Karl kann sich ein Leben ohne seine geliebten Töchter gar nicht mehr vorstellen, und doch fühlt er sich oft überfordert, wenn er von seiner anstrengenden Arbeit – er ist Kfz-Meister in einem Autohaus – nach Hause kommt. Dann braucht er erst einmal Zeit zum Abschalten. Bis vor wenigen Monaten löste er das Problem, indem er nach der Arbeit noch eine halbe Stunde joggen ging. Doch diese Zeit fehlte ihm dann mit seinen «zwei Mäusen», wie er sagt. «Die Zeit vergeht so schnell, und allzu lange werde ich bei ihnen auch nicht mehr die Nummer eins sein, Freundinnen werden wichtiger…» Da seine Laufstrecke auch nachts gut beleuchtet ist, hat er den Sport auf später verschoben, wenn seine Töchter schon schlafen. So kommt niemand zu kurz.

Schließlich hat er die Idee, eine gemeinsame Fernsehpause einzuführen: Denn alle drei sehen sehr gerne fern. So dürfen ihn seine zwei Töchter nun überfallen und ihm alles, was ihnen auf den Lippen brennt, sofort erzählen, wenn er nach Hause kommt. Aber da um 18.45 Uhr ihre Lieblingssendung beginnt, dauert die Bestürmung nicht allzu lange. Dann lümmeln sie gemeinsam auf dem Sofa und «spannen zu dritt ab», wie Karl sagt, der Ellen im linken und Sophie im rechten Arm hält – oder umgekehrt. Die Sendung als solche sei ihm gar nicht so wichtig, es gehe ihm um die Möglichkeit, mit den Kindern zusammen zu sein, ohne gleich voll in die Familie einsteigen zu müssen. Dazu wäre er in direktem Anschluss an die Arbeit nicht in der Lage.

«Mit Papa vor dem Fernseher, darauf warte ich den ganzen Tag.»
Ellen, 8 Jahre, Tochter von Karl

Nach ihrem gemeinsamen Film gibt es erst einmal Abendessen. Und außer am Dienstag, an dem Karl Tennis spielt, hat er jeden Abend Zeit für seine «zwei Lieblingsmäuse». Sie suchen sich ein Kartenspiel aus, «Uno» zum Beispiel, erzählen sich Geschichten, spielen mit den Handpuppen oder lesen einander vor: Im Moment amüsieren sie sich über Pippi Langstrumpf. «Mir wäre am liebsten», sagt Karl, «wenn es ewig so weitergehen würde.»

Solange das gemeinsame Spiel und das aktive Miteinander **Psychologie** nicht zu kurz kommen, ist gegen das Fernsehen nichts einzuwenden. So wie Karl es beschreibt, ist dabei viel Nähe und körperlicher Kontakt möglich. Zu dritt tauschen sie sich über das Gesehene aus. Dadurch kommt es bei keinem seiner Kinder zu einer Überforderung.

Ich empfehle Ihnen, sich an die Altersangabe der Fernseh- **Alter** sendungen zu halten. Natürlich möchten Kinder immer die Sendungen Älterer sehen, aber ich beobachte heute die Tendenz, Kinder und Jugendliche medial zu überfordern. Das geht auf Kosten ihrer Kindheit. Kinder müssen vor zu viel bildhafter Aggression und Gewalt geschützt werden. Gewalt, wie sie im Märchen vorkommt, ist anders zu bewerten. Dadurch, dass sie nicht gezeigt, sondern beschrieben wird, lernt das Kind, die Bilder, die in seinem Kopf entstehen, so zu steuern, dass es dabei von den Emotionen nicht überflutet wird.

Eine solche Steuerung ist bei konkreten Bildern nicht mehr möglich.

Wie Wie finden Sie die richtige Fernsehsendung? Wichtig ist, dass Sie sich dabei an den Wünschen der Kinder orientieren und dann einschätzen, ob die Sendung für das Alter Ihrer Tochter geeignet ist.

Organisation Kinder brauchen auch beim Fernsehen eine klare Struktur und eine gute Ordnung. Suchen Sie gemeinsam mit Ihrem Kind die Sendung aus und sorgen Sie dafür, dass das Fernsehen nicht zu einer Dauerberieselung wird. Manche Kinder würden am liebsten stundenlang vor dem Gerät sitzen bleiben. Setzen Sie hier eine klare Grenze!

Aufwand Eine detaillierte Programmzeitschrift gibt es ab 2 Euro. Damit die Augen Ihres Kindes und auch Ihre eigenen nicht geschädigt werden, sollten Sie auf ein gutes Fernsehgerät Wert legen, das etwa 1000 Euro kostet. Kinderaugen sind empfindlicher als die Augen von Erwachsenen.

Kinder brauchen beim Fernsehen einen Erwachsenen an ihrer Seite. Nur so können sie sich mit jemandem austauschen und werden von den Bildern nicht überrollt. Gleichzeitig kann der Erwachsene überprüfen, ob das, was sich das Kind gerade ansieht, auch geeignet ist. Natürlich ist Fernsehen nur Leben aus zweiter Hand, doch trotzdem kann das gemeinsame Fernsehen die Beziehung zwischen Vater und Kind stärken. Der Übergang von der Arbeit in die Familie, den der Vater braucht, kann so bereits mit dem Kind gestaltet werden.

Geschichten vorlesen

Die 7-jährige Franziska ist der Sonnenschein der Familie, sie ist eine gute Schülerin und spielt bereits Tennis. Franziska hat nur etwas Mühe, am Abend zur Ruhe zu kommen. Viel zu sehr beschäftigen sie die Erlebnisse des Tages und die Pläne für den nächsten Tag. Doch seit ihr Vater begonnen hat, ihr abends vorzulesen, gleitet sie ganz sanft vom Wachsein in den Schlaf.

Ihr Vater fragt sie jeden Abend: «Welche Geschichte möchtest du denn hören?» Und wie jeden Abend seit fast drei Monaten sagt Franziska: «Komm, wir finden einen Schatz.» Fritz findet es im Grunde mühsam, seiner Tochter jeden Abend dieselbe Geschichte vorzulesen. Doch hier gilt sein Grundsatz: «Bei Geschichten darfst du bestimmen», wie er zu Franziska immer wieder sagt.

So holt Fritz «Das große Panama-Album» von Janosch aus dem Bücherschrank, setzt sich ans Bett seiner Tochter und beginnt vorzulesen. Wenn er eine Seite zu Ende gelesen hat, zeigt er Franziska immer das Bild dazu.

«Wenn mir Papa eine Geschichte vorliest, schlafe ich ganz gut ein.»
Franziska, 7 Jahre, Tochter von Fritz

Nach ein paar Minuten wird Franziska meist zu müde, um sich die Bilder anzuschauen, dann bittet sie – laut gähnend – ihren Vater: «Lies doch einfach weiter!» Daran merkt Fritz, dass seine Tochter fast eingeschlafen ist. Aber wehe, er liest etwas anderes, als im Buch steht, oder er lässt eine Seite aus, dann wird seine Tochter wieder hellwach und ruft: «Das ist doch ganz anders, da sagt der kleine Bär doch …» Fritz kennt das schon, so dass er nicht mehr in Versuchung gerät, die Geschichte zu verkürzen oder leicht zu verändern.

Am Ende der Geschichte ist Franziska meist eingeschlafen, manchmal murmelt sie auch noch ein schlaftrunkenes «Danke». Bevor Fritz leise aus dem Zimmer geht, streicht er Franziska übers Haar und gibt ihr einen Gutenachtkuss.

Fritz liebt diese Zeit mit seiner Tochter. Dabei wird er selbst ruhiger. Die Anspannung vom Tag und der Stress aus der Firma fallen dann von ihm ab. Da gibt es nur ihn und seine Tochter. «Diese Geschichten haben wirklich etwas Heilsames», denkt er. Der letzte Absatz von «Komm, wir finden einen Schatz» klingt dann oft noch in ihm nach: «Die Bienen summten, und der Blumenkohl hatte so gut geschmeckt. Hmmm ... Oh, was war das für ein Glück.» «Echt wahr.»

Psychologie Bei Märchen geht es immer auch um ein Stück Abenteuer. Es wird ein Weg beschrieben, eine Entwicklung, es gilt Aufgaben zu lösen, um ein bestimmtes Ziel zu erreichen. Viele Kinder leben diese Abenteuer – auch wenn es nur imaginäre sind – sehr gerne mit ihrem Vater. Märchen und Geschichten helfen den Kindern, ihre Innenwelt zu entdecken. Vorbilder und Helden ermöglichen Ihrem Kind, mit seinen Ängsten besser umgehen zu können und Fantasie und Realität auseinanderzuhalten. Wahrscheinlich wird Ihr Kind während des Vorlesens auch in Ihrem Arm liegen und sich dabei den Körperkontakt holen, den es braucht.

Alter Für Kinder zwischen drei und acht Jahren haben Märchen oder Geschichten wohl ihre Blütezeit. Doch selbst Jugendliche und Erwachsene erfreuen sich immer wieder an vorgelesenen Geschichten – natürlich nur, wenn sie diese Tradition aus der Kinderzeit kennen. Dazu können Sie als Vater beitragen.

Wie Wie finden Sie die richtige Geschichte? Erzählen Sie Ihrem Kind immer wieder altersgemäße Märchen und Geschichten, es wird sich dann seine Lieblingsgeschichten heraussuchen. Gehen Sie dazu vorher ruhig in Ihre Stadt- oder Gemeindebibliothek und leihen Sie sich einen Schwung Kinderbücher aus. Die beliebtesten der gefundenen Schätze kaufen Sie dann.

Literaturvorschlag Bruno Bettelheim (1993): Kinder brauchen Märchen. dtv.

Organisation Schonen Sie Ihr Kind nicht, indem Sie die grausigen Details von Märchen und Geschichten weglassen. Erst diese Grausamkeiten machen für das Kind Märchen und Geschichten lebendig. Achten Sie auf die Altersangaben!

Aufwand Es lohnt sich, in gute Märchen- und Kinderbücher zu investieren. Wählen Sie nach Möglichkeit die gebundene Ausgabe. Sie erwerben damit wertvolle Stücke von langer Lebensdauer.

132

Schon der berühmte Kinderpsychologe Bruno Bettelheim hat ein Buch darüber geschrieben – «Kinder brauchen Märchen». Geschichten und Märchen beflügeln auch Ihr Kind. Sie fördern seine Auseinandersetzung mit sich selbst und mit anderen, sie helfen mit, innere und äußere Helden zu entwickeln. Märchen und Geschichten tragen dazu bei, eine Orientierung im Leben zu finden.

Kuscheln zum Wohlfühlen

Wenn Gerhard mit Manfred «Mensch ärgere dich nicht» spielt, kann es schon einmal hoch hergehen. Zu Beginn verläuft meist alles friedlich, beide sind auf das Spiel konzentriert. Die ersten ein, zwei Mal, wenn Manfred von seinem Vater vom Brett gefegt wird, trägt er es stoisch. «Wie ein Mann!», sagt Gerhard. Nach und nach beginnt sich Manfred jedoch zu ärgern und auch Gerhard, der anfangs immer sehr gelassen ist, wurmt es, wenn er öfters hinausgeworfen wird. Schließlich wollen beide gewinnen und keiner will sich vor dem anderen die Blöße geben.

Beim dritten Rausschmiss wird es Manfred zu viel: Er pufft seinen Vater in den Arm. Schnell sind beide in eine Art Ringkampf verwickelt. Gerhard nimmt Manfred in den Schwitzkasten und Manfred versucht, sich zu wehren. Als er merkt, dass er keine Chance hat, beginnt er, die Situation zu genießen. Schließlich ist es sein Vater, der darf schon mal stärker sein als er. Es gibt Schlimmeres, als in seinen Armen zu liegen. Gerhard merkt, dass sich die Situation verändert hat, und realisiert, wie gerne er den kleinen Kerl hat, den er gerade in den Armen hält. So wird aus dem Kämpfen allmählich ein Kuscheln. Eine Weile sitzen sie eng aneinandergeschmiegt da, da überkommt Manfred doch wieder die Lust, dem Vater Kontra zu geben. Er überrascht Gerhard mit einem gezielten An-

«Mit Papa kuscheln, das mag ich.»
Manfred, 8 Jahre, Sohn von Gerhard

133

griff. Gerhard lässt sich theatralisch nach hinten fallen. Manfred klettert auf seine Brust und drückt mit beiden Armen die Schultern seines Vaters nach unten. So geht es eine Zeitlang hin und her, vom Kämpfen zum Kuscheln, vom Kuscheln zum Kämpfen. Irgendwann kommen sie zum «Mensch ärgere dich nicht» zurück. Beide lieben dieses Spiel, mit allem Drum und Dran.

Psychologie Durch Kuscheln können Vater und Kind einander körperlich erleben. Dabei erfahren sie gegenseitiges Vertrauen und Zuneigung. Sie lernen außerdem, die körperlichen Grenzen des anderen zu respektieren und zu akzeptieren. Kuscheln ist für Ihr Kind ein wichtiger Baustein für seine psychische Gesundheit. Auch wenn Töchter oft sehr zärtliche Wesen sind, lieben Sie es, wenn es mit dem Papa manchmal etwas wilder zugeht.

Alter Bereits Babys lieben das Kuscheln mit ihren Vätern. Väter fühlen sich anders an als Mütter. Kuscheln gibt Ihrem Kind Sicherheit und auch das Gefühl, dass zwischen ihm und dem Papa alles in Ordnung ist. Mit den Jahren verändert sich der Körperkontakt zwischen Vater und Kind. Doch auch Ihr Kind wird es im Jugendalter schätzen, Ihre Hand auf seiner Schulter zu spüren – wenn auch nicht immer und zu jeder Zeit.

Wie Wie finden Sie das richtige Maß? Beachten Sie die Reaktionen Ihres Kindes beim Kuscheln, dann merken Sie schnell, was es mag und was nicht.

Literaturvorschlag Marco Campanella (2005): Lass uns kuscheln, Papa! Geschichten zum Liebhaben. Coppenrath Verlag.

Organisation Meist ergeben sich Kuschelrituale wie von selbst. Das Zubettbringen kann eine solche Gelegenheit sein. Gerade Söhne rangeln noch oft mit dem Vater, bevor sie zur Ruhe kommen. Wenn das Kind dann müde ist, kuschelt es sich gerne an den Vater, bevor es einschläft. Wenn Ihr Kind genug hat vom Kuscheln – oder auch vom Kämpfen –, sollten Sie diese Grenze respektieren.

Kuscheln sorgt ganz kostenfrei für einen hohen gegenseiti- *Aufwand* gen Wohlfühlgewinn.

Körperkontakt zwischen Vater und Kind ist sehr wichtig. Ihr Kind muss erleben, wie Sie sich anfühlen, wie Sie riechen, wie Ihre Hände sind. Das hilft ihm, in seinem Körper zu Hause zu sein. Kuscheln mit dem Vater ist anders als mit der Mutter. Dabei geht es meist etwas wilder zu. Übergänge zum Rangeln, zum spielerischen Kämpfen, werden sowohl vom Kind als auch vom Vater eingeleitet.

Gemeinsam ins Kino

Die 13-jährige Valentina ist ganz aufgeregt. Im Fernsehen hat sie gesehen, dass nächsten Freitag der fünfte Teil der Harry-Potter-Filme «Harry Potter und der Orden des Phönix» ins Kino kommt. «Mann, das ist doch was!», denkt sie.

Mit ihrem Vater versteht sie sich momentan nicht so gut. «Wenn er nur wegen der Schule nicht immer so viel Stress machen würde.» Laut traut sie sich das nicht zu sagen, weil ihr Vater Sandro ihr sonst das Taschengeld kürzt. Sandro ist zurzeit wirklich etwas verzweifelt, er hat das Gefühl, an seine Tochter nicht mehr heranzukommen. «Verdammte Pubertät», denkt er. Er hätte sich nie vorstellen können, dass es einmal so weit kommt. Valentina und er waren doch immer ein Herz und eine Seele. Auch er hat die Vorankündigung des Harry-Potter-Films im Fernsehen gesehen. *«luauki: Lust auf Kino?»* «Das wäre doch was! – Aber wahrschein- *SMS in Jugendsprache* lich geht Valentina lieber mit Freundin- nen hin», sagt seine innere Stimme, die glaubt, zu der jugend- lichen Valentina keinen Draht mehr zu haben. – «Fragen kostet nichts», sagt die andere Stimme, die immer noch das kleine Mädchen vor sich sieht, mit dem Sandro unglaublich schöne Abenteuer erlebt hat.

«Wie wäre es, wenn wir uns den neuen Harry Potter gemeinsam anschauen, Popcorn inklusive?», fragt Sandro etwas unsicher seine Tochter. Valentina ist innerlich schon auf Abwehr. Wenn ihr Vater mit dieser Stimme kommt, dann will er immer etwas von ihr. Wahrscheinlich setzt er gleich zu einer Moralpredigt wegen der verbockten Englischarbeit an. «Nein, mit dir sicher nicht», denkt sie noch und wartet, doch es kommt keine Moralpredigt. Sie wundert sich. Zum ersten Mal seit Wochen sieht sie ihren Vater richtig an. Für einen kurzen Moment begegnen sich die Augen der beiden. Wie ein Blitz ist es wieder da, dieses alte Vertraute, dieses Band, gewoben aus tausenden Erlebnissen, Emotionen, Empfindungen, Bildern, Gerüchen und Lauten. Valentina fällt es gar nicht so leicht, cool zu bleiben. «Von mir aus», hört sie sich sagen.

Der Kinoabend wird wunderbar: der Film mit anschließendem Pizza-Essen; über Englisch fällt kein Wort. Es gibt nur Vater und Tochter, lachend, erzählend, wie früher eben.

Psychologie Gemeinsam einen Film anzusehen stärkt das «Wir-Gefühl» zwischen Vater und Kind. Es ist schön, sich über das Gesehene auszutauschen. Wichtig ist, dass Sie als Vater einen Film nicht abwerten, den Ihr Kind gut findet. Vor allem bei Action gehen die Meinungen oft weit auseinander. Wenn Ihre Tochter einen Hang zu gefühlsbetonten und für Sie vielleicht «kitschigen» Filmen hat, gehen Sie trotzdem mit ihr hin, Sie lernen Ihre Tochter dann noch besser kennen. Nebenbei haben Sie auch einen Punkt gefunden, um ein Gespräch anzuknüpfen. Das ist besonders wertvoll, wenn Sie nicht so recht wissen, wie Sie wieder mit ihr in Kontakt kommen können.

Alter Gemeinsame Kinoerlebnisse sind wichtige Vater-Kind-Aktivitäten. Besuchen Sie nach Möglichkeit schon in der

Grundschulzeit Vorstellungen mit Ihrem Kind. Haben Sie keine Scheu, sich mit ihm in Kinderaufführungen zu setzen. Wenn Ihr Kind zwischen Wirklichkeit und Film unterscheiden kann, darf es auch ruhig etwas rauer zugehen. Das ist ab etwa acht Jahren der Fall. Halten Sie sich aber an die Altersangaben der FSK.

Wie finden Sie den richtigen Film? Meist sind Kinder und Jugendliche recht gut informiert, was «gerade so läuft». Orientieren Sie sich ruhig daran. Wie

Bewährt hat es sich, eine eigene Kinokultur mit regelmäßigen Filmbesuchen zu pflegen, einmal im Monat oder im Vierteljahr. Wichtig ist auch eine gemeinsame Auseinandersetzung über die gesehenen Filme. Schauen Sie sich mit Ihrem Kind nur altersadäquate Filme an, ansonsten besteht die Gefahr einer psychischen Überforderung Ihres Kindes. Organisation und Gefahren

Für zwei Kinokarten und etwas zum Knabbern müssen Sie mit insgesamt etwa 30 Euro rechnen. Aber dafür kommen Sie auch in eine Zauberwelt oder nach Afrika! Aufwand

Mit Ihrem Kind ins Kino zu gehen ist eine gute Gelegenheit für Sie, selbst noch einmal in die Kinder- oder Jugendzeit einzutauchen. Außerdem fördern gemeinsame Kinobesuche die Vater-Kind-Beziehung. Kino ist dabei eine Art Crashkurs – Sie erfahren, was zurzeit in der Kinder- und Jugendwelt «angesagt» ist.

Theaterspielen macht's möglich

Vor zwei Jahren haben die heute 8-jährige Nadja und ihr Vater Pascal zwei Kisten mit Kleidung auf dem Dachboden entdeckt. Da die Mama gerade Bettlaken dort aufgehängt hatte, benutzten sie diese spontan als Vorhang und begannen mit dem Theaterspielen. Seither verbringen die beiden mindestens einen Nachmittag oder Abend der Woche dort oben und tauchen ein in fantastische Welten: in die Welt der Ritter und Burgfräulein, der Hexen und Zauberer, der Cowboys und Indianer, in das Reich der Helden, der Mächtigen und Reichen, der Starken und Schwachen.

Pascal hat eine Zeitlang Laientheater gespielt, und so konnte er seiner Tochter die wichtigsten Gesetze der Bühne näher bringen. «Auf der Bühne kannst du in jede Rolle schlüpfen», sagt er, «dort ist alles möglich, außer jemandem wehzutun oder etwas kaputt zu machen. Selbst wenn wir raufen oder mit Schwertern aufeinander losgehen, ist alles nur ein Spiel, es darf brutal aussehen, doch es darf niemandem etwas passieren. Wenn du die Bühne verlässt, dann schlüpfst du aus der Rolle und wirst wieder zur Nadja.» Mit dieser Sicherheit im Rücken beginnt Nadja vieles auszuprobieren.

«Heute spiel ich mal eine ganz Böse.»

Nadja, 8 Jahre, Tochter von Pascal

Pascal hat – als begeisterter Fan von «Lucky Luke» – für sie Calamity Jane ausgegraben, eine der wenigen weiblichen Heldinnen aus den Zeiten des Wilden Westens, und Nadja lässt sich gerne darauf ein. So wird auf der Bühne Pascal zu Lucky Luke und Nadine zu Calamity Jane. Ausstaffiert mit Pascals alter Wildlederweste, einem Cowboyhut und einem Besenstiel als Flinte, kämpft sie mit ihrem Vater gegen die Daltons, Billy the Kid und Konsorten.

«Das Schöne ist, dass ich in diesem Spiel einmal alles machen darf, was ich sonst nicht darf», sagt Nadja: fluchen, schießen, kämpfen, rülpsen und vieles mehr. Manchmal ist Pascal schon ziemlich erstaunt, was auf der Bühne aus seiner Tochter alles herauskommt, doch dort ist eben wirklich alles erlaubt.

Kinder lieben es in verschiedene Rollen zu schlüpfen. Auf diese geschützte Art und Weise probieren sie gerne etwas aus, das in der realen Welt für sie nicht oder noch nicht möglich ist.

Bereits mit zwei, drei Jahren beginnt die Rollenspielphase. Alter Da fangen Kinder an, mit ihren Puppen, Kuscheltieren und anderen Figuren eigene Stücke zu entwickeln. Sehr oft spielen sie Vater, Mutter und Kind. Auf diese Rollenspielphase baut das Theaterspielen auf. Wenn Ihr Kind einen guten Draht zu Ihnen hat und Sie beide das Theaterspiel lieben, kann die Auseinandersetzung mit dem Theater Ihr ganzes Leben lang andauern.

Wie finden Sie das richtige Stück? Legen Sie gemeinsam Wie die Rollen fest. Ihr Kind darf sich verkleiden und sich überlegen: Wie bewegt sich diese Person? Was macht diese Person? Was mag diese Person? Welche Freunde hat diese Person usw. Dann steigen Sie selbst in eine Rolle, möglichst in eine, die sich von der ihres Kindes gut unterscheidet. Aus diesen Rollen heraus beginnen Sie nun zu improvisieren, ein Stück entsteht dann wie von selbst.

Peter Thiesen (2000): Drauflosspieltheater. Ein Spiel- und Literaturvorschlag Ideenbuch für Kindergruppen, Schule und Familie. Beltz Verlag.

Achten Sie darauf, dass Ihr Kind die in der Geschichte be- Organisation und Gefahren schriebenen Regeln beachtet, damit auf der Bühne wirklich niemandem ein Leid geschieht. Sie sind der Zeremonienmeister, auch wenn Sie selbst eine Rolle übernommen haben. Bringen Sie Ihrem Kind bei, dass man in Rollen nicht nur ein-, sondern nach dem Spiel auch wieder daraus aussteigen muss. Denn wenn Ihr Kind plötzlich als Cowboy in der Schule agiert, könnte es in Schwierigkeiten geraten.

Platz ist in der kleinsten Hütte; das gilt vor allem für das Aufwand Theaterspielen. Wenn Sie sich aus alten Klamotten einen Theaterfundus anlegen, dann gehen auch die Requisiten nicht ins Geld.

Auf der Bühne ist alles erlaubt, solange niemand verletzt und nichts kaputt gemacht wird. Dieser freie Raum der Möglichkeiten ist faszinierend für Kinder und meist auch für ihre Väter. Das Theaterspielen lässt der Fantasie Flügel wachsen und sorgt für gemeinsamen Spaß und Kurzweil – vor allem, wenn Sie und Ihr Kind auch einmal gemeinsam auftreten.

Zeichnen verarbeitet Erlebtes

Fast jeden Tag, wenn Alfred nach Hause kommt, wartet seine kleine Tochter mit einer Zeichnung in der Hand auf ihn. Schon aus diesem Grund versucht der Manager am Abend pünktlich zu Hause zu sein. Gelingt es ihm nicht, ruft er nicht nur seine Frau an, sondern auch Regina.

Heute hat Regina für ihren Papa einen riesigen Drachen gemalt, richtig furchteinflößend sieht er aus. Der Drache hat eine Art Korb umgeschnallt, aus dem eine Reihe von Mädchenköpfen herausschaut. Einer davon ähnelt dem Kopf von Regina. Alfred ist schon sehr neugierig, was es mit dem Bild auf sich hat, zuerst wird jedoch miteinander gegessen. Heute scheint Regina auf glühenden Kohlen zu sitzen. Nachdem sie den Tisch abgeräumt haben, zieht sie ihren Vater sofort ins Wohnzimmer, damit er ihr Bild ansieht und sich ihre Geschichte anhört.

«Papa mag meine Bilder.»
Regina, 8 Jahre alt, Tochter von Alfred

«Hast du deine Lehrer immer gemocht?», fragt Regina. Alfred hat noch keine Ahnung, worum es geht, «meistens schon», sagt er vorsichtig. «Weißt du, die Frau Krüger» – Reginas Lehrerin – «war heute so richtig gemein zu uns. Nur weil die Jungs so laut waren, durfte die ganze Klasse nicht zum Turnen gehen.» Alfred versteht immer noch nicht. «Ja, und dann haben wir Mädchen uns in der Pause Geschichten ausgedacht, was passieren könnte, damit wir nicht immer unter diesen grausigen Jungs leiden müssen. Mir zum Beispiel ist die Geschichte eingefallen, dass ein großer Drache kommt und alle Mädchen entführt. Dann hätten wir endlich Ruhe vor den doofen Jungs», sagt Regina ganz aufgebracht. «Wohin soll der Drache euch denn bringen?», fragt Alfred nach. «Irgendwohin, wo wir Mädchen auch einmal ungestört sein können, ohne dass wir uns immer nach den Jungs richten müssen», sagt Regina. «Aber dann wärst du ja auch weg von der Mama und von mir», wendet Alfred ein. «Stimmt», meint Regina nachdenklich. «Aber könntest du einmal mit der Lehrerin reden, damit wir nicht immer mit den Jungs mitbestraft werden?», fragt Regina. «Mach ich», verspricht Alfred. Das Bild vom Drachen kommt zur Galerie in sein Arbeitszimmer.

Zeichnen ist ein Königsweg zur Psyche Ihres Kindes. Kinder **Psychologie** drücken sich sehr gerne im Zeichnen aus. Nehmen Sie diese Befindlichkeiten ebenso an wie die Zeichnungen, die Ihr Kind Ihnen sehr wahrscheinlich immer wieder schenken wird. Es gibt Sonnen- und es gibt Regentage und das ist in Ordnung so. Wahrscheinlich freut sich Ihr Kind darüber, wenn Sie hin und wieder eine Zeichnung von ihm aufhängen.

Schon Kleinkinder mit zwei, drei Jahren lieben es, mit **Alter** Buntstiften, Ölmalkreiden oder Fingerfarben zu malen. Besonders bei den Fingerfarben empfiehlt es sich, Plastik auszulegen und Ihr Kind so anzuziehen, dass es auch kleckern darf.

Wie finden Sie das richtige Thema? Meist wird Ihr Kind **Wie** von sich aus ein Thema finden, worüber es zeichnen möchte. Manchmal wird es Sie fragen, ob es ein bestimmtes Bild für Sie malen soll. Sagen Sie ihm dann, was Sie schon immer von ihm gemalt haben wollten.

Ihr Kind braucht Ihre Anerkennung und Ihren Stolz. Lo- **Durchführung** ben Sie seine Zeichnungen und zeigen Sie sie auch Freunden und Verwandten. Hin und wieder kann es sehr lustvoll sein, mit Ihrem Kind gemeinsam zu malen beziehungsweise ein Bild zu gestalten. Sie werden merken, wie spannend diese Teamarbeit ist.

DIN-A3-Zeichenblöcke gibt es bereits ab 3 Euro, für Vielmaler eignet sich auch die Rückseite von übrig gebliebenen Tapetenrollen. Gute Buntstifte gibt es bereits ab 7 Euro und Fingerfarben ab 5 Euro.

Kinder zeigen ihren Vätern gerne, was sie interessiert und was sie gerne machen. Viele Kinder wählen dabei den Weg über Zeichnungen. Diese können für Ihr Kind wie Geschichten sein, die es Ihnen erzählt. Für diese Geschichten braucht es Sie als Zuhörer. Wenn Sie nicht zuhören, wer-den die Geschichten und damit auch die Bilder immer seltener.

Mit der Erinnerung im Herzen trauern

Letzten Frühling ist Pauls Ur-Oma gestorben. Er hatte sie sehr lieb und weil hinter ihrem Haus Kühe weideten, nannte er sie «Oma Muh». Was es aber bedeutet, dass Oma Muh nicht mehr da ist, weiß er noch nicht so recht: «Warum ist Oma Muh nicht mehr da, warum lacht sie nicht mehr und warum macht sie mir keinen Kaiserschmarren mehr?» Sebastian weiß nicht, wie er auf die Fragen seines Sohnes antworten soll. Bisher hat ihn Paul noch nie auf das Thema angesprochen und gläubig ist er auch nicht. «Der Oma Muh geht es sicher gut», sagt er zu Paul. «Woher weißt du das?», fragt Paul. «Die Oma Muh war doch immer gut zu dir, war gut zu den Menschen und den Tieren und auch zu den Kühen hinter ihrem Haus. Und wenn jemand gut ist, dann kommt er in den Himmel». versucht Sebastian ihm zu erklären. «Wow!», entgegnet Paul. «Dann tun ihr jetzt auch nicht mehr die Knochen weh und sie kann wieder springen, so wie früher beim Ballett, wo sie uns doch diese tollen Bilder gezeigt hat?» – «Ge-

«Immer wenn mir die Ur-Omi fehlt, dann winke ich zum Himmel.»

Paul, 6 Jahre, Sohn von Sebastian

nau, jetzt fühlt sie sich sicher ganz leicht und gesund», bestätigt Sebastian.

«Wenn du tot bist, Papa, kommst du dann auch in den Himmel?», fragt Paul. «Ich hoffe schon», sagt sein Vater. «Ich hoffe aber, du bleibst bei mir, es ist schon schlimm genug, dass Oma Muh nicht mehr da ist», meint Paul. «Auch wenn dein Kaiserschmarren ganz sicher nicht so gut ist wie der von der Oma Muh.» Da müssen beide lachen.

Heute, am 1. November, haben Paul und sein Vater Oma Muhs Grab besucht. Sie ist ja eigentlich im Himmel und das Grab ist nur da, damit sie die anderen Menschen nicht vergessen. Am Grab haben sie für Oma Muh eine Kerze angezündet. «Die kann sie auch vom Himmel aus sehen. Kerzen hat die Oma Muh schon immer gerne gehabt», denkt Paul. Ein paar Tränen steigen ihm in die Augen: «Weinen darf man, wenn man jemanden lieb gehabt hat und er nicht mehr da ist. Das hat der Papa auch gesagt.»

Wenn jemand, der uns wichtig ist, weggeht oder gar stirbt, **Psychologie** dann wollen wir es nicht wahrhaben, werden wütend und schließlich trauern wir um ihn. Nur wenn wir diese Trauer nicht verdrängen, können wir ihn auch irgendwann loslassen und akzeptieren, dass er oder sie in unserem Herzen weiterlebt. Wenn Ihr Kind so einen Weg gehen muss, dann braucht es Sie als Begleiter. Seien Sie offen für Ihre eigene Trauer und für die Ihres Kindes. Weinen Sie zusammen, verleugnen Sie diese Gefühle nicht. Gemeinsam zu trauern verbindet Vater und Kind, auch wenn es schmerzhaft ist. So erlebt Ihr Kind mit Ihnen, dass es Grenzen im Leben gibt. Sie zeigen ihm, wie man mit solchen Erfahrungen umgehen und an ihnen wachsen kann.

Wenn Tod und Abschied in Ihr gemeinsames Leben treten, **Alter** ist es wichtig, Ihr Kind nicht davon auszuschließen, egal wie alt es ist.

Wie Wie finden Sie zur richtigen Bewältigung? Stehen Sie Ihrem Kind zur Seite! Seien Sie offen für seine Gefühle, auch wenn Wut und Hass hochkommen, weil der geliebte Mensch nicht mehr bei ihm ist. Finden Sie mit Ihrem Kind Erklärungen, wo dieser Erdengast jetzt sein könnte, schaffen Sie mit ihm eine Art Himmel für ihn, dann kann die Liebe für diesen geliebten Menschen in das Herz Ihres Kindes zurückfinden, auch wenn er gestorben ist. – Manchmal trauern Kinder auch sehr stark um geliebte Haustiere. Auch dann sind einfühlsame Gespräche wichtig, damit das Erlebnis verarbeitet werden kann.

Literaturvorschlag Roland Kachler (2007): Wie ist das mit … der Trauer? Gabriel-Verlag. – Elfie Donnelly (1984): Servus Opa, sagte ich leise. dtv.

Umgang Je natürlicher Sie selbst mit Tod und Abschiednehmen umgehen, desto leichter fällt das auch Ihrem Kind. Bitte beachten Sie, dass Kinder ganz anders trauern als Erwachsene. Kinder können tief traurig sein, sie können am Leben und an allem zugleich zweifeln. Im nächsten Moment lachen sie und wollen wieder spielen. Versuchen Sie, diese Form der Trauer zu akzeptieren. Stehen Sie aber für Fragen und für eine Auseinandersetzung immer zur Verfügung.

Aufwand Keiner. Im Gegenteil: Mit Tod und Abschied umgehen zu lernen ist ein wertvoller Beitrag, das Leben zu bewältigen.

Trauern heißt Abschiednehmen und die schönsten und wichtigsten Momente im Herzen behalten. Der schwerste Abschied ist, wenn jemand stirbt. Kinder interessieren sich sehr für die großen Fragen des Lebens. Woher kommen wir und wohin gehen wir? Wie ist das mit Geburt und Tod? Sie haben einen natürlichen Zugang zu diesen Themen. Für Sie als Vater ist es wichtig, auf diese Fragen einzugehen – so weit es Ihnen möglich ist. Das stärkt auch Ihre Vater-Kind-Beziehung.

Freiheit durch väterlichen Segen

«Papa, ich muss mit dir reden», sagt Janna zu ihrem Vater. Der sitzt gerade am Computer und ihm liegt schon ein «Nicht jetzt» auf der Zunge. Doch als er in das ernste Gesicht seiner Tochter sieht, sichert er sein Dokument und sagt: «Ich bin ganz Ohr.» – «Papa, ich ziehe aus», eröffnet ihm seine 19-jährige Tochter. Hartmut ist überrumpelt und von einem auf den anderen Augenblick verzweifelt. Seitdem seine Kleine das Abitur gemeistert hat, ist sie so richtig gut drauf und entspannt. Er hat sich auf die gemeinsame Zeit schon sehr gefreut. «Du weißt ja, dass ich im Herbst, also in zwei Monaten, anfange zu studieren», sagt Janna. «Ja, natürlich», meint Hartmut, «aber ich dachte immer, du bleibst bei uns wohnen, mit der

«Papa, ich ziehe aus.»
Janna, 19 Jahre, Tochter von Hartmut

Bahn brauchst du doch nur 20 Minuten in die Stadt und dann noch einmal 25 bis zur Uni.» – «Stimmt», antwortet Janna, «aber darum geht es mir nicht. Ich möchte endlich auf eigenen Beinen stehen und meine eigene Wohnung haben. Na ja, es ist nur ein Zimmer in einer Wohngemeinschaft …» – «Was», entfährt es Hartmut, «hast du das etwa schon organisiert?» «Ja», gesteht seine Tochter etwas kleinlaut, «aber», jetzt stellt sie sich aufrecht hin und ihre Stimme klingt sehr fest, «ich habe nicht gewusst, ob das alles so klappt und ob ich mit meinem Budget über die Runden komme. Und dann habe ich mit Ilse und Anita eine tolle 3-Zimmer-Wohnung gefunden. Aber egal, es geht mir darum, endlich selbständig zu sein», erklärt sie bestimmt.

Das sieht Hartmut dann auch ein. Zwar nicht gleich, aber in der Nacht dämmerte es ihm: «Ich glaube, zurzeit brauche ich sie mehr als sie mich und das ist wohl nicht gut so. Es ist Zeit, sie gehen zu lassen.» Janna ist froh, dass ihr Vater es schließlich doch akzeptiert.

Hartmut ist ein toller Handwerker und so hilft er seiner

Tochter natürlich, ihr Zimmer einzurichten. «Das ist ein schöner Übergang», denkt er. «Janna und ich – wir sind schon ein tolles Team. Und jetzt sind wir beide erwachsen.» Als er sich dann langsam mit dem Auszug seiner Tochter versöhnt, beschließt er: «Das muss gefeiert werden.» An der kleinen Feuerstelle gleich hinter Jannas Wohnanlage machen sie ein Feuer. Ganz feierlich erklärt Hartmut seine Janna für erwachsen und gibt ihr noch etwas mit. Etwas Irisches, weil sie beide Irland so lieben:

«Mögen die Straßen dir entgegeneilen, / möge der Wind in deinem Rücken sein, / möge die Sonne warm auf dein Gesicht scheinen / und möge der Regen sanft auf deine Felder fallen. / Bis wir uns wieder sehen, / bis wir uns wieder sehen, als Freunde.»

Psychologie Auch wenn Sie Ihrem Kind Ihren Segen gegeben haben, bleiben Sie natürlich Vater, Ihr Leben lang. Doch Sie begegnen einander dann auf Augenhöhe. Ihr Kind braucht diese Zustimmung, damit es wirklich von Ihnen weg und hinaus in die Welt gehen kann. Wenn Sie – wie Hartmut – Ihrem Kind Ihren Segen gegeben haben, werden Sie das gute Gefühl spüren, Ihre Arbeit als Vater getan zu haben.

Alter Etwa um den zwanzigsten Geburtstag herum. Wenn Ihr Kind eine längere Ausbildung macht, wird es noch finanziell von Ihnen abhängig sein. Dennoch muss es selbst bestimmen, welchen Weg es in seinem Leben einschlägt und wie es dabei vorgeht.

Wie Wie finden Sie die richtige Form für Ihren Segen? In unserer westlichen und säkularisierten Kultur gibt es keine Übergangsrituale mehr, wie es sie in anderen Kulturen und vor allem Religionen noch gibt. Das heißt: Finden Sie Ihr eigenes. Bauen Sie die Vorlieben Ihres Kindes in Ihre eigenen ein und erteilen Sie Ihrem Kind Ihren Segen!

Gefahren Gerade Vätern fällt es schwer, ihre kleinen Prinzessinnen oder Prinzen loszulassen. Halten Sie Ihr Kind nicht zu lange in der Position des Abhängigen, es kann sich dann nicht zu einem erwachsenen Menschen entwickeln.

Mut und ein gutes Timing, den richtigen Zeitpunkt zu Aufwand wählen.

Ihr Kind wird größer, älter und reifer. Und irgendwann, auch wenn das für Sie noch weit weg sein mag, wird es erwachsen sein. Das ist für Sie und für Ihr Kind ein großer, wichtiger Schritt. Damit Sie Ihr Kind dann wirklich als gleichberechtigter Erwachsener begegnen können, müssen Sie sich innerlich dafür entscheiden. Doch es ist nicht nur eine innere Entscheidung. Damit es Ihnen und Ihrem Kind leichter fällt, müssen Sie ihm diese Entscheidung auch mitteilen! Ihr Kind braucht ein äußerliches Zeichen Ihres väterlichen Segens, ein Ritual, eine Zeremonie, dass es jetzt aus Ihrer Sicht erwachsen ist.

Der psychologische Hintergrund

Warum Beruf und Vatersein kein Widerspruch ist – Zwölf Wegweiser

Sie haben jetzt einige Tipps gelesen und vielleicht sogar schon ausprobiert. Wenn Sie dem Vatersein weiter auf den Grund gehen wollen, sind Sie hier genau richtig.

Was bedeutet Vatersein? Es ist mehr eine Haltung als ein Tun. Wichtig ist dabei, sein Kind anzunehmen und «ja» zu ihm zu sagen, mit dem Kopf und mit dem Herzen. Vatersein heißt auch, sein Kind zu schützen, zu pflegen und zu führen. Väter müssen Ihrem Kind Sicherheit geben. Daher gehören zu einer väterlichen Beziehung sowohl Wohlgesonnenheit, Güte, Fürsorge und Nähe als auch Forderung und Führung. Damit die Autoritätsfunktion des Vaters gelingen kann, braucht es die Basis der Liebe. Dies gilt grundsätzlich auch für Adoptivväter. Allerdings müssen Stiefväter akzeptieren, dass der leibliche Vater für das Kind meist weiter im Vordergrund steht. Gelingt es dem leiblichen Vater, die wichtigsten, im Folgenden beschriebenen Felder mit seinem Kind abzudecken, dann bleibt dem Stiefvater meist «nur» eine Art «Komplementärvaterschaft»

. Doch diese kann genauso anspruchsvoll sein, wenn sie auch eher auf einer freundschaftlichen als auf der Basis der Autorität funktioniert.

Die Vaterpyramide*

Wenn Sie wie knapp 90 Prozent aller Väter in Mitteleuropa zu 100 Prozent im Beruf stehen und für das materielle Wohl Ihrer Familie den Hauptbeitrag leisten, dann haben Sie wahrscheinlich manchmal das Gefühl, nicht in ausreichendem Maß Vater zu sein. Doch beim Vatersein geht es nicht um zeitliche Quantität, sondern um eine väterliche

---

* Peter Ballnik, Elisabeth Martinez, Ornella Garbani-Ballnik (2005): Lebenswelten Vater-Kind, positive Väterlichkeit und männliche Identität. Hrsg. vom Bundesministerium für soziale Sicherheit, Generationen und Konsumentenschutz, Wien

Qualität. Was eine gute Vater-Kind-Beziehung ausmacht – was Ihr Kind von Ihnen als Vater eben braucht – können Sie in meiner «Vaterpyramide» sehen. Sie

- fasst übersichtlich zusammen, was ein Vater tun muss, damit sein Kind sich gut entwickelt
- zeigt Ihnen, worauf es ankommt, und gibt Ihnen eine Art «Leitschnur», wenn Sie sich anhand konkreter Tipps in diesem Buch mit der Frage befassen, wie Sie Ihre Beziehung zu Ihrem Kind verbessern können
- ist ein Hauptergebnis meiner jahrelangen Forschungstätigkeit und meiner psychotherapeutischen Arbeit mit Kindern und ihren Vätern.

Diese Qualitäten des Vaterseins, diese Vaterpyramide können Sie auch dann mit Ihrem Kind leben, wenn Sie beruflich sehr engagiert sind. Vatersein und Karriere machen sind also kein Widerspruch. Im Gegenteil, im Zusammensein mit Ihrem Kind entwickeln und verbessern Sie Fähigkeiten, die auch in der beruflichen Welt immer mehr gefragt sind. Diese sogenannten «soft skills» werden im Beruf immer wichtiger. Die wichtigsten sind: Kommunikations- und Kontaktfähigkeit, Belastbarkeit, Aufgeschlossenheit, Durchsetzungsvermögen, Offenheit, Empathie, Reflexionsfähigkeit, intelligentes Konfliktverhalten und Teamfähigkeit. Bei Beförderungen wird immer mehr darauf geachtet, ob der Bewerber auch in diesen «soft skills» sattelfest ist. Ihr Kind trainiert Sie darin, kostenlos.

Die Vaterpyramide als Herzstück jeder liebevollen Beziehung, ist für das Vatersein mit Töchtern und Söhnen gleichermaßen von Bedeutung. Auch wenn es Unterschiede zwischen Mädchen und Jungen gibt, die der Vater im Umgang mit seiner Tochter/seinem Sohn berücksichtigen sollte, gestalten sich in beiden Fällen dennoch viele Bereiche in der Vater-Kind-Beziehung sehr ähnlich.

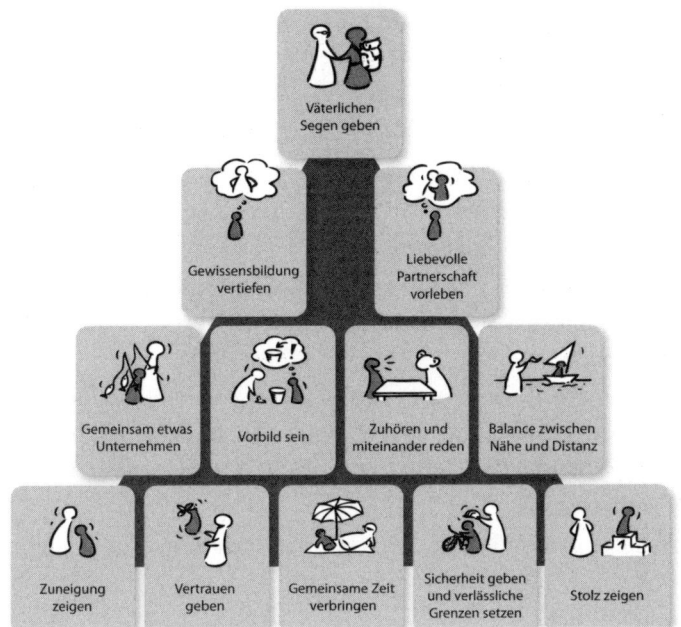

© design by koppenwallner, Salzburg

Das Fundament für Ihr Vatersein (Wegweiser 1–5)

Die Basis für Ihre Vater-Kind-Beziehung schaffen Sie, indem Sie Zuneigung zeigen, Vertrauen aufbauen, gemeinsam Zeit verbringen, Sicherheit geben und verlässliche Grenzen setzen – und indem Sie stolz auf Ihr Kind sind und ihm das auch zeigen. Auf diesem Fundament bauen die weiteren Bausteine einer guten Vater-Kind-Beziehung auf.

Beantworten Sie die Fragen, die ich jeweils am Ende eines Themas in diesem Kapitel stelle. Dann nämlich nutzen Sie die Vaterpyramide effizient, weil Ihre Antworten Ihnen einfach und klar zeigen, wo Ihre Stärken und Ihre Schwächen liegen. So bekommen Sie sehr schnell eine Orientierung, wo Sie als Vater stehen. Ich empfehle Ihnen, diese Fragen schriftlich zu beantworten und sich in gewissen Abständen, zum Beispiel jedes halbe Jahr, mit der Vaterpyramide auseinanderzusetzen. Dann können Sie Ihre «Fortschritte» als Vater erkennen und sich über Ihre Entwicklung freuen.

Zuneigung zeigen

Ihr Kind braucht Ihre Liebe. Auf die muss es bauen können, damit es sich richtig entwickeln kann. Neigen Sie sich Ihrem Kind zu, im wahrsten Sinne des Wortes. Manchmal sind Väter jedoch so in ihre Kinder vernarrt, dass sie ihnen alles durchgehen lassen. Das ist damit aber nicht gemeint. Liebe und Zuneigung haben nichts damit zu tun, dass Ihr Kind tun und lassen kann, was es will. Im Gegenteil, gerade weil Sie Ihr Kind lieben, müssen Sie ihm immer wieder auch etwas abschlagen bzw. Grenzen setzen.

Manchmal fällt es Vätern schwer, ihrem Kind ihre Zuneigung zu zeigen. Doch gerade darum geht es. Zeigen Sie Ihrem Kind Ihre Zuneigung durch: liebevolle Blicke, ein Lächeln, Körperkontakt, herzliches Miteinandersein.

Überlegen Sie: Wie zeige ich meinem Kind meine Zuneigung?

Vertrauen geben

Sehr wahrscheinlich konnte sich Ihr Kind schon als Baby darauf verlassen, dass Sie es sicher halten. Auch wenn Sie vielleicht etwas wilder mit ihm umgegangen sind als seine Mutter. Babys lieben es, vom Vater hochgehalten und herumgewirbelt zu werden. Durch diesen sicheren Halt, den Sie dabei Ihrem Kind vermitteln, lernt es, dass es Ihnen vertrauen kann, nicht ins Leere fällt. Es kann Ihnen so vertrauen, dass es später auch blind in Ihre Arme springt. Indem Ihr Kind sich auf Sie und seine Mutter verlassen kann, lernt es zudem, auf sich selbst zu vertrauen und später – mit der Zeit – auch seiner Welt.

Überlegen Sie: Woran merke ich, dass mein Kind mir vertraut?

Gemeinsame Zeit verbringen

Ihr Kind braucht gemeinsame Zeit mit Ihnen, damit Ihre Beziehung zu ihm nicht im Sande verläuft. Sie ist das Bindemittel, durch das die anderen Komponenten der Vaterpyramide erst zusammenwirken können. In meinen Forschungen hat sich herauskristallisiert, dass es für Kinder sehr gut ist, wenn sie an Werktagen ein bis zwei Stunden mit ihrem Vater verbringen können. Auch Jugendlichen tut eine halbe

Stunde am Tag sehr gut. Für die Wochenenden empfehle ich drei bis vier Stunden pro Tag. Aber machen Sie sich keinen Stress, es muss nicht immer etwas Außergewöhnliches sein, das Sie mit Ihrem Kind unternehmen. Die Kontinuität und die Beständigkeit in den alltäglichen Dingen festigt die Vater-Kind-Beziehung. Gehen Sie gemeinsam einkaufen, spielen Sie etwas miteinander, arbeiten Sie zusammen im Garten oder im Haus(halt). Erfreuen Sie sich miteinander und aneinander.

Überlegen Sie: Wie viel Zeit verbringe ich mit meinem Kind? Was tun wir gemeinsam?

Sicherheit geben und verlässliche Grenzen setzen

Als Vater verkörpern Sie Sicherheit für Ihr Kind, vor allem dann, wenn Sie gemeinsam etwas unternehmen. Sei es beim Spielen, beim Wandern oder beim Sport, immer müssen Sie sich so auf Ihr Kind einstellen, dass seine Sicherheit gewährleistet wird. Sie sind eine Art Sicherheitsgurt für Ihr Kind auf seiner «Fahrt» in die Welt. Ihr Kind fühlt sich dadurch geborgen. Dazu gehört auch, dass es sich auf Sie verlassen kann und dass Sie ihm sichere Grenzen setzen. Sie müssen also immer wieder auch «Nein» zu ihm sagen. Führen Sie Abmachungen und Regeln ein, halten Sie sich daran und kontrollieren Sie, ob Ihr Kind mitzieht. Lassen Sie sich nicht um den Finger wickeln. Durch die Auseinandersetzung Ihres Kindes mit Grenzen verinnerlicht es langsam, was richtig und falsch und was in dieser Welt möglich ist.

Überlegen Sie: Wie setze ich meinem Kind Grenzen? Was bewirke ich dabei in ihm?

Stolz zeigen

Wie wichtig der Stolz des Vaters für eine gute Entwicklung des Kindes ist, war eine große Überraschung in meinen Forschungsarbeiten. Ihr Kind muss erleben, dass das, was es tut, Sie als Vater mit Stolz erfüllt. Dieser Stolz auf Ihr Kind vermittelt ihm Selbstvertrauen, er wirkt wie der Wind auf ein Segelboot, er bringt Ihr Kind voran auf seiner Fahrt ins Leben. Egal was Ihr Kind macht, ob es eine Sportart betreibt, ein Musikinstrument spielt, sich in einem Kindertheater engagiert, gehen

Sie hin, schauen Sie sich das an! Schenken Sie Ihrem Kind bewundernde Blicke, erzählen Sie Ihrem Sitznachbarn: «Das ist mein Kind!», sagen Sie Ihrem Kind, wie sehr Sie sich darüber freuen, dass es auf dem Platz oder auf der Bühne steht. Keine Angst, es wird nicht abheben oder größenwahnsinnig werden. Doch es wird sich aufrichten, ein selbstbewusstes Strahlen wird sich in ihm ausbreiten und es wird aufrechter durch den Tag und durch seine Zeit gehen.

Ohne Ihren Stolz hat Ihr Kind keine Orientierung darin, was es besonders gut kann und wo seine Stärken liegen. So trägt dieser Stolz dazu bei, dass Ihr Kind seine Potenziale und Stärken leben kann. Und: Wer seine Stärken leben kann, wird ein glücklicher Mensch.

Überlegen Sie: Worauf bin ich bei meinem Kind stolz? Wie zeige ich ihm diesen Stolz?

Was Ihr Kind darüber hinaus von Ihnen braucht (Wegweiser 6–12)

Die oben beschriebenen Faktoren bilden das Fundament der Beziehung zu Ihrem Kind. Aus dieser Beziehung entsteht die spezielle Vater-Kind-Bindung. Grundsätzlich werden Sie als Vater im Laufe der Entwicklung Ihres Kindes immer wichtiger. Die weiteren Komponenten, die eine gute Vater-Kind-Beziehung ausmachen, sind auch vom Alter Ihres Kindes abhängig. Vergegenwärtigen Sie sich diese Faktoren in Form der obigen Vaterpyramide. Je älter Ihr Kind wird, umso mehr müssen Sie ihm helfen, jene Entwicklungsschritte zu vertiefen, die im oberen Bereich der Pyramide stehen.

Gemeinsam etwas unternehmen

Die Eltern führen Ihr Kind ins Leben hinaus. Durch Sie lernt es vor allem die männliche Welt kennen, an der es sehr gerne teilhaben möchte. Gehen Sie mit Ihrem Kind auf den Spielplatz, entdecken Sie mit ihm aber auch Wälder oder den Garten. Bauen Sie gemeinsam Sandburgen, übernachten Sie im Freien mit ihm, zelten Sie mit ihm, machen Sie gemeinsam Feuer. Bauen Sie gemeinsam Staudämme, lassen Sie selbst gemachte Schiffchen zu Wasser, basteln Sie miteinander Drachen und lassen Sie sie steigen. Betreiben Sie zusammen Sport und machen Sie eine Fahrradtour, am besten mit Übernachten. Eine Ihrer Aufgaben als Vater ist es, Ihr Kind mit der Welt vertraut zu machen und ihm beizustehen, seinen Platz in dieser Welt zu finden. Väter sind das/ ein Tor zur Welt!

Kinder lieben es, Außergewöhnliches mit ihrem Vater zu erleben. Lassen Sie dabei aber den ganz normalen Alltag nicht zu kurz kommen. Helfen Sie ihm bei den Hausaufgaben, kochen Sie gemeinsam, bringen Sie es in den Kindergarten oder zur Schule und holen Sie es dort ab. Genießen Sie einfach das Zusammensein. Sprechen Sie sich ab, was Sie gemeinsam unternehmen wollen. Achten Sie darauf, dass es Ihnen beiden Spaß macht.

Wenn Ihr Kind noch klein ist, lässt es sich meist von dem anstecken, was Sie begeistert. Lassen Sie es dann an Ihrer Begeisterung teilhaben und nehmen Sie es zu den Unternehmungen mit, für die Sie «brennen». Seien Sie Ihrem Kind aber nicht böse, wenn sich seine Interessen verschieben, wenn es langsam seinen eigenen Weg zu gehen beginnt. Ihr Kind ist nicht dafür da, Ihre Wünsche und Sehnsüchte zu befriedigen. Es hat seine eigenen. Helfen Sie ihm dabei, diese zu finden und zu leben!

Überlegen Sie: Was macht mir und meinem Kind Spaß? Was davon unternehmen wir bereits gemeinsam? Was steht noch aus? Wann will ich das in die Tat umsetzen?

Vorbild sein

Selbst wenn Ihnen das gar nicht so recht sein sollte: Sie sind das wichtigste Vorbild für Ihren Sohn! Söhne orientieren sich mehr am Vater, während sich Töchter eher an der Mutter orientieren. Natürlich sind Sie aber auch für Ihre Tochter ein wichtiges Vorbild. Dabei ist es nicht so wichtig, was Sie sagen, sondern, was Sie tun.

Ihr Kind lernt durch Nachahmen viel von Ihnen, unter anderem Richtig und Falsch zu unterscheiden. Wie Sie sich anderen Menschen gegenüber verhalten, hat einen starken Einfluss darauf, wie sowohl Ihr Sohn als auch Ihre Tochter einmal mit ihren Mitmenschen umgehen werden. Ihr Kind wird Sie aber auch in Ihrem Respekt vor der Umwelt, in der Art sich zu ernähren oder zu kleiden imitieren. Achten Sie dabei auf Details: Wenn Sie selbst einen Helm beim Fahrradfahren aufsetzen, wird auch Ihr Kind nichts dagegen haben. Ihr Kind orientiert sich sehr stark an dem, was Sie tun, und weniger an dem, was Sie ihm sagen. Sei es beim Grüßen, beim «bitte» und «danke» Sagen. Sei es, ob Sie einer alten Dame einen Platz im Zug anbieten – diese «Kulturtechniken» wird Ihr Kind nur dann von Ihnen übernehmen, wenn Sie sie ihm auch vorleben. Natürlich wird Ihr Kind Sie als Vorbild auch infrage stellen – spätestens in der Pubertät. Aber auch dann sind Sie immer noch Vorbild in der Art, wie Sie mit Kritik und Herausforderungen umgehen.

Überlegen Sie: In welchen Punkten bin ich bewusst Vorbild für mein Kind? In welchem Maß akzeptiert es mich dabei? In welchen Punkten rede ich anders, als ich handle? Wie wirkt sich das auf mein Kind aus?

Zuhören und miteinander reden

Wenn ich mich mit erwachsenen Menschen über ihre Väter unterhalte, ist ein Punkt häufig entscheidend: Wie hat ihr Vater mit ihnen geredet? Vor allem: Konnte er wirklich zuhören? Oder hat er nur genickt und war mit seinen Gedanken im Büro? Der 24-jährige Felix erzählt zum Beispiel: «Für mich war es sehr wichtig, dass mein Vater mich ernst genommen hat, auf mich eingegangen ist und mir zugehört hat. So hatte ich das Gefühl, ich bin ihm wichtig. Das hat wirklich gut getan.»

Ihr Kind möchte und braucht von Ihnen, dass Sie ihm zuhören – mit jeder Faser Ihres Körpers, damit es sich von Ihnen angenommen fühlt. Wenn Sie Ihrem Kind zuhören und versuchen es zu verstehen, dann helfen Sie ihm dabei, dass es später in sich hineinhorchen und sich selbst verstehen kann. Kommunizieren Sie möglichst altersgemäß und auf Augenhöhe mit ihm – auch in ganz wörtlichem Sinne: Wenn Sie spüren, dass Ihnen Ihr Kind etwas Wichtiges mitteilen möchte, beugen Sie sich zu ihm hinunter oder gehen Sie ruhig auch einmal in die Hocke. So sprechen Sie auf einer Ebene miteinander – von Angesicht zu Angesicht. Damit wird sich zwischen Ihnen und Ihrem Kind eine Kommunikation entwickeln, die einzigartig ist und die Ihr Kind auch dann trägt, wenn Sie nicht mit ihm zusammen sind.

Überlegen Sie: Wie kommuniziere ich mit meinem Kind? Was ist das Besondere unserer Gespräche, und meiner Körpersprache? Wie gelingt es mir, mein eigenes Anliegen, meine Sorgen und Gefühle zurückzustellen, um meinem Kind zuzuhören?

Balance zwischen Nähe und Distanz

Wenn Sie mit Ihrem 4-jährigen Kind gemeinsam ein Bild malen und es Ihnen plötzlich den Stift aus der Hand nimmt und sagt «nein, so» oder «nein, ich», dann ist es wichtig, das zuzulassen – auch innerlich. Begleiten Sie seine Idee und sein Malen mit einem stolzen Lächeln! Denn Sie haben auch allen Grund stolz zu sein, Ihr Kind ist gerade auf dem Weg in die Autonomie und damit in ein selbstbestimmtes Leben. Natürlich muss das in kleinen Schritten passieren, damit Ihr Kind nicht überfordert wird. Manchmal fällt es Vätern schwer, die ersten Schritte ihres Kindes in die Autonomie zu sehen und vor allem zu akzeptieren. Wenn Ihr Kind Ihre Malkunst und Ihr handwerkliches Geschick bewundert, ist das schön, doch darum geht es nicht: Wichtig ist, dass Ihr Kind seinen eigenen Weg ins Leben findet. Und damit muss es früh beginnen.

Selbständig werden ist ein langer und beständiger Prozess. Einerseits braucht Ihr Kind dabei genügend Nähe, Unterstützung und Begleitung von Ihnen, andererseits braucht es aber auch Ihre Bestätigung, dass es gewisse Dinge schon alleine schafft. Ihr Kind benötigt ausreichend Führung von Ihnen, aber gleichzeitig auch genügend Spielraum – buchstäblich – damit es seine Eigeninitiative entwickeln kann. Die Eigeninitiative und der Wunsch nach Selbständigkeit werden mit dem Alter Ihres Kindes immer stärker. Zu viel Nähe nimmt Ihrem Kind die Luft zum Atmen, zu viel Distanz macht es einsam, verloren und unsicher. Auf seinem Weg in die Selbständigkeit braucht Ihr Kind eine gute Balance zwischen Nähe und Distanz.

Überlegen Sie: Wie halte ich meinem Kind gegenüber die richtige Balance zwischen Nähe und Distanz?

Gewissensbildung vertiefen

Ihr Kind übernimmt langsam Ihre Werte – einerseits durch die Art und Weise, wie es Sie als Vorbild verinnerlicht, und andererseits dadurch, wie Sie ihm die notwendigen Grenzen setzen. Die Gewissensbildung Ihres Kindes schreitet immer weiter voran. Das geschieht, ob Sie es nun wollen oder nicht. Wie bereits erwähnt: Entscheidender ist, was Sie tun, und weniger das, was Sie sagen. So lautet ein Spruch in der Pädagogik: «Es macht keinen Sinn, Kinder zu erziehen, sie machen den Erwachsenen sowieso alles nach.»

Als Vater tragen Sie also wesentlich zum Aufbau des Gewissens Ihres Kindes bei. Wenn Ihr Kind nicht genug von Ihnen übernehmen kann, fehlen ihm wichtige Leitsätze und Werte. Es fällt Ihrem Kind dann schwer, gute Entscheidungen für sein Leben zu treffen.

Überlegen Sie: Welche Werte möchte ich meinem Kind mitgeben? Welches Bild hat mein Kind von mir verinnerlicht? Welche Werte und Leitsätze treten dabei am stärksten hervor?

Liebevolle Partnerschaft vorleben

Ihr Kind speichert in seinem Herzen, wie Sie mit Ihrer Partnerin leben, wie Sie mit ihr reden, ihr zur Seite stehen, wie Sie einander ansehen und vor allem, wie Sie Zärtlichkeiten austauschen. Ihr Kind sieht und merkt sich – unbewusst – wie Sie und die Frau Ihres Herzens miteinander streiten, wie Sie Konflikte lösen. Aus all diesen Wahrnehmungen sammeln sich im Unterbewusstsein Ihres Kindes Bilder an, die es leiten, wenn es anfängt Beziehungen zum anderen Geschlecht einzugehen, um irgendwann später seinen Partner, seine Partnerin zu finden. Dieses Memorieren, dieses Verinnerlichen, läuft unbewusst ab. Die Art und Weise, wie Ihr Kind Sie und seine Mutter miteinander erlebt, hat einen starken Einfluss darauf, wie es später Liebesbeziehungen leben wird.

Wenn Sie einen Sohn haben, dann wird er sich ab einem gewissen Alter – meist ab etwa zehn Jahren – immer wieder auch Ratschläge holen. Er möchte wissen, wie er denn zu seinem ersten Rendezvous kommen könne und wie er sich dabei verhalten solle. Das wird Ihr Sohn natürlich nur dann tun, wenn er Vertrauen zu Ihnen hat.

Mädchen lassen sich eher von ihren Müttern beraten, wenn es ums Kennenlernen geht. Es kann sich durchaus auch einmal an den Vater wenden, vor allem wenn es verstehen will, wie Jungs ticken.

Überlegen Sie: Wie erlebt mein Kind meine Liebesbeziehung? Wie kann ich ihm helfen, beim anderen Geschlecht erfolgreichzu sein? Wie kann ich es dabei unterstützen, später eine glückliche Beziehung zu leben?

Väterlichen Segen geben

Irgendwann sind Kinderzeit und Jugend Ihres Kindes zu Ende. Dann gilt es, Ihr Kind ins Leben zu entlassen, damit es selbst seinen Weg findet. Natürlich werden Sie immer sein Vater bleiben, das endet nie! Aber es wird anders sein. Sie bestimmen die Wege Ihres Kindes nicht mehr. Vielleicht wird Ihr Kind Sie hin und wieder um Rat fragen. Wenn sich die Beziehung zwischen Vater und Kind gut entwickeln konnte, wird sie auch weiterbestehen, wenn Ihr Kind auf eigenen Füßen steht.

In unserer Kultur fehlt oft der bewusste Übergang von der Jugend zum Erwachsensein. Wir haben dafür keine Rituale, wie sie in bestimmten Religionen und Kulturen üblich sind. Ich rate Ihnen, sich ein eigenes zu überlegen, einen ganz klaren Übergang, der Ihrem Kind sagt: «Jetzt bist du erwachsen!» Sie akzeptieren seine Unabhängigkeit. (s. Seite xy)

Als Erwachsener ist Ihr Kind für sich selbst verantwortlich. Es trägt Ihr Bild immer im Herzen. Ihr Kind ist mit Ihnen verbunden, sein Leben lang. Sie bestimmen mit, wie das Bild im Herzen Ihres Kindes aussehen wird!

Überlegen Sie: Wie kann ich diesen Übergang vom Jugendlichen zum Erwachsenen mit meinem Kind/für mein Kind gestalten?

Der Vater ist natürlich nur ein Elternteil, der für das Kind wichtig ist! Damit sich Ihr Kind wirklich gut entwickeln kann, braucht es beide Elternteile, Mutter und Vater. Am besten geht es Ihrem Kind, wenn Sie als Vater mit seiner Mutter optimal zusammenarbeiten. Wie das geht? Damit beschäftigt sich das nächste Kapitel.

Zweisam, dreisam; gemeinsam – Das Spitzen-Elternteam in einer Hand

Die größten Chancen für eine optimale Entwicklung hat ein Kind im Beziehungsdreieck Mutter-Vater-Kind. In den Familienforschungen der letzten 70 Jahre kristallisierte sich heraus: Kinder brauchen beide Elternteile. Schon Babys können sehr früh zwischen Vater und Mutter unterscheiden und sich bei beiden wohlfühlen. Vater und Mutter sind auf verschiedene Weise gleich wichtig für das Kind. Auch für Ihr Kind!

Nur im Beziehungsdreieck Vater-Mutter-Kind kann das Kind wirklich erfahren, wie es mit sich und der Welt gut zurechtkommt. Es lernt, wie es seine Gefühle, wie es Wut und Ärger in den Griff bekommt. Es findet Wege, auf andere Menschen zuzugehen. Die Vielfalt des menschlichen Seins wird für das Kind erst in der Triade erlebbar, erfahrbar und erlernbar. In ihr gibt es vier unterschiedliche Positionen für das Kind:

- Das Kind ist mit der Mutter, der Vater kann der Mutter wohlwollend den Rücken stärken.
- Das Kind ist mit dem Vater, die Mutter kann dem Vater wohlwollend den Rücken stärken.
- Kind, Vater und Mutter sind zu dritt und haben Spaß miteinander.
- Vater und Mutter sind miteinander und das Kind beobachtet die zwei.

Sie sehen, dass das Kind ohne Vater einfach ein sinnärmeres Leben hätte. Durch das Beisammensein zu dritt lernt das Kind früh, gleichzeitig mit zwei Menschen zu sein. So wird der Grundpfeiler für die Gruppenfähigkeit des Kindes gelegt. Darauf muss es spätestens im Kindergarten zurückgreifen. Die Eltern legen die Basis dafür, ob ihr Kind gut integriert ist oder ob es durch sein Verhalten zum Außenseiter wird.

Am besten ist es für ein Kind also, wenn Vater und Mutter ein gutes Eltern-Team bilden. An dieser Stelle möchte ich Sie zu einem kleinen Experiment einladen. Ich bitte Sie, einmal bewusst die Bänder eines Schuhs zu binden. Faszinierend! In diesem Fall bilden Ihre beiden Hände ein perfektes Zweierteam. Versuchen Sie jetzt, den Schuh mit einer Hand zu schnüren. Probieren Sie es bitte, bevor Sie weiterlesen. Ja genau, das geht nicht! Wenn also schon so etwas Einfaches wie Schuhe binden mit nur einem Teil des Teams nicht funktioniert, wie soll dann Erziehung mit nur einem Elternteil wirklich erfolgreich sein?

Natürlich gibt es sehr viele Mütter – und natürlich auch Väter – die ihr Kind sehr gut alleine erziehen. Meine Hochachtung! Doch auch sie sagen meist, dass ihrem Kind etwas fehlt, das ein Elternteil allein nicht bieten kann. Genau so wie unser Hände-Team zum Schuhe binden sehr hilfreich ist, ist es für ein Kind optimal, wenn Mutter und Vater – als Elternteam – gemeinsam die Erziehung übernehmen.

Wie ein Eltern-Team funktioniert, beschreibe ich Ihnen hier anhand der fünf Finger einer Hand. Diese arbeitet nur dann optimal, wenn ihre fünf Finger ein Team bilden. Denken Sie zum Beispiel an die linke Hand eines Gitarristen. Genauso müssen Mutter und Vater die folgenden fünf Faktoren leben, damit ein Elternteam wirklich funktioniert.

Daumen

Vater und Mutter sind Mitglieder des Elternteams. Das klingt jetzt selbstverständlich: Aber wenn Sie Vater sind, überlegen Sie zunächst einmal, ob Sie wirklich Mitglied des Elternteams sind, oder ob Sie manchmal eher annehmen: «Ach Erziehung, das ist doch Frauensache.» Wenn Sie als Frau und Mutter dieses Buch lesen, dann stellen Sie sich bitte die Frage: «Akzeptiere ich den Vater meines Kindes als Mitglied des Elternteams oder denke ich eher: «Von Kindern haben Männer doch keine Ahnung.»

Entschließen Sie sich ganz bewusst, Teil des Elternteams zu sein!

Zeigefinger

Die Fähigkeiten des Vaters und der Mutter ergänzen einander. Teams funktionieren dann nämlich am besten, wenn nicht alle Teammitglieder gleich sind, sondern die Besonderheiten und vor allem die Fähigkeiten und Stärken der einzelnen Mitglieder am besten zum Tragen kommen. Für Väter bedeutet das, zu ihrem Vatersein zu stehen und nicht die Mutter zu kopieren. Väter sind meist etwas wilder, rauer, direkter. Sie bringen ihr Kind auch mal aus der Fassung oder provozieren es – und das ist gut so. Für die Mütter bedeutet es, die Andersartigkeit des Vaters zu akzeptieren und für das Kind als wertvoll anzusehen. Manche Mütter erzählen mir, sie können oft gar nicht hinsehen, wenn der Vater das Kind beispielsweise hoch in die Luft wirft, es wild schaukelt, eine steile Skiabfahrt wählt. Doch an den Reaktionen der Kinder merken die Mütter, dass es den Kindern gut tut und so sind sie froh, wenn die Väter diese Abenteuer mit dem Kind leben.

Stehen Sie zu Ihrem Vatersein, auch wenn es sich vom Muttersein unterscheidet!

Mittelfinger

Die Erziehung des Kindes ist ein gemeinsames Ziel für den Vater und die Mutter, wobei Sie als Elternteam Ihr Kind in den Mittelpunkt stellen müssen. Das große Ziel könnte sein: «Aus unserem Kind soll einmal ein guter, glücklicher und erfolgreicher Mensch werden.» So formulieren es manche Eltern. Ein Ziel ist wichtig für ein Team. Ohne ein gemeinsames Ziel funktionieren Teams nicht. Wichtig ist außerdem: bleibt ein Ziel zu vage oder wird es nicht in Unterziele zerlegt, verirrt sich das Team.

Einmal angenommen, Sie hätten ein 10-jähriges Kind und das Erziehungsziel von Vater und Mutter lautet: «Unser Kind soll einen seinen Fähigkeiten entsprechenden Beruf ergreifen können.» Dann können Vater und Mutter mit dem Kind lernen, damit es in der vierten

Volksschulklasse gute Noten bekommt, um den Übergang aufs Gymnasium zu schaffen. Wenn der Vater zum Beispiel in Naturwissenschaften besser Bescheid weiß, übt er Mathematik mit seinem Kind, während die Mutter mit ihm Lesen und Schreiben trainiert. Ihre unterschiedlichen Fähigkeiten dienen dazu, das gemeinsame Ziel zu erreichen.

Erkennen Sie Ihre unterschiedlichen Stärken und leben Sie diese mit Ihrem Kind!

Ringfinger

Vater und Partnerin handeln in gegenseitigem Einverständnis. Als Eltern müssen Sie sich einigen, wie Sie zusammenarbeiten, um Ihr Kind so gut wie möglich zu erziehen. Sie müssen eine gemeinsame Arbeitsweise festlegen, weil das Kind sonst erlebt: Vater zieht in diese Richtung, Mutter in die andere. Dabei fühlt sich das Kind innerlich zerrissen. Wie in einem Musikerduo müssen Sie sich auf ein Stück einigen und festlegen, in welcher Tonart und in welchem Tempo Sie es spielen. Natürlich können Vater und Mutter nicht immer einer Meinung sein. Doch die Differenzen gilt es fair auszudiskutieren und zu einer Entscheidung zu kommen, die von beiden Elternteilen mitgetragen werden kann. Lassen Sie Ihr Kind diesen Meinungsbildungsprozess zum Teil ruhig miterleben. Ihr Kind erfährt dann einerseits, wie wichtig es seinen Eltern ist und es lernt andererseits, wie Meinungsverschiedenheiten konstruktiv ausgetragen werden können und wie es dabei zu einer fairen Entscheidung kommt.

Zum Beispiel: Die 15-jährige Tochter will bis Mitternacht ausbleiben. Die Mutter will dies bis maximal 23.00 Uhr erlauben und der Vater möchte der Tochter das Fortgehen ganz verbieten, weil ihre schulischen Leistungen im Moment sehr schlecht sind. So kommen Vater und Mutter – vor der Tochter – überein, dass die Tochter bis 23.00 Uhr ausbleiben darf. Aber nur, wenn sie am Nachmittag zwei Stunden Mathematik lernt und akzeptiert, dass sie der Vater abholt. Die Tochter erlebt die Auseinandersetzung der Eltern mit und ist mit dieser Lösung einverstanden.

Meist finden Kinder schnell heraus, wo Vater und Mutter unterschiedlich vorgehen und nutzen dies zu ihrem Gunsten. Oft ist es geradezu komisch, wenn Kinder es wieder einmal ins Kino schaffen, obwohl im Grunde Vater und Mutter dagegen waren. Sie haben beide aber so lange gegeneinander ausgespielt, bis die Kinder ihr Ziel – Kino – erreicht haben. Man könnte das nun als diplomatisches Geschick erklären, es aber auch zu unterbinden versuchen.

Tauschen Sie sich mit Ihrer Partnerin aus: In welchen Bereichen der Erziehung arbeiten wir gut zusammen, in welchen gegeneinander? Besprechen Sie miteinander: Wie ist unsere Meinungsfindung, wie gehen wir mit Konflikten um und wie treffen wir gemeinsame Entscheidungen?

Kleiner Finger

Vater und Mutter sind gemeinsam für das Kind verantwortlich. Wenn also beide Elternteile sich für die Erziehung des Kindes verantwortlich fühlen, räumt es auch beiden das Recht ein, die eigenen Ansichten über alle Aspekte der Erziehung des Kindes einzubringen und sie fair und konstruktiv zu diskutieren. Vor allem bedeutet es, miteinander zu entscheiden. Nur wenn Vater und Mutter diese Rechte haben und auch die Pflicht wahrnehmen, sich mit den Ansichten des anderen Elternteils auseinanderzusetzen, entwickelt sich im Elternteam jenes Engagement und Vertrauen, das für das Kind die bestmögliche Erziehung gewährleistet.

In meinen Forschungen habe ich festgestellt, dass sich knapp 90 Prozent der «guten Väter» in gleichem Maße verantwortlich fühlen wie die Mutter des Kindes. Tun Sie das auch!

Mutter und Vater sind verschieden. Von dieser Verschiedenheit profitiert auch Ihr Elternteam. Beantworten Sie sich als Eltern also einmal Folgendes: «Fühlen wir uns beide gemeinsam für unser Kind verantwortlich?» Eine einfache Frage, deren Bejahung große Auswirkungen hat.

Der kleine Unterschied – tochtergemäß und sohngerecht

Nicht nur die Unterschiede zwischen Vater und Mutter sind bedeutend: Sie sollten auch Ihren Sohn anders erziehen als Ihre Tochter. Jungen und Mädchen entwickeln sich unterschiedlich und müssen deswegen auch vom Vater auf verschiedene Weise ins Leben geführt werden. Vielleicht schlucken Sie an dieser Stelle erst einmal und denken sogar: «Das kann doch nicht sein!» Mir ist bewusst, dass ich hier gegen den Zeitgeist schreibe. Ich bin durchaus für die Gleichberechtigung und für die Chancengleichheit von Mann und Frau. Doch Gleichberechtigung hat nichts mit Gleichheit zu tun. Denn die neuesten Forschungen belegen eindeutig: Mann und Frau sind verschieden, und zwar von Anfang an.

Mädchen/Frauen sind eher beziehungsorientiert, Jungen/Männer eher objektorientiert. So zeigen bereits mehrere Wochen alte weibliche Babys verstärkt Interesse an Scheiben, auf die man Gesichter gemalt hat, während gleichaltrige männliche Babys eher von einem Mobile fasziniert sind.

Die gemeinsamen Forschungen mit Ornella Garbani-Ballnik und Elisabeth Martinetz haben ergeben, dass «gute Väter» – ohne dass sie sich dessen bewusst sind – beim gemeinsamen Malen unterschiedlich kommunizierten, je nachdem, ob Sie mit ihrem Sohn oder mit ihrer Tochter am Werk waren. Folgende Unterschiede stellten wir fest:

- Im Sprachgebrauch: Mit den Söhnen beschränkte sich die Sprache meist auf die Handlung. Es wurde geplant, kommentiert und fantasiert. So sagte der 5-jährige Franz zu seinem Vater: «Hier kommt ein Haus mit einem roten Vordach.» Mit den Töchtern wurde auf die Themen, die die Töchter einbrachten und ansprachen, eingegangen, die Handlung lief nebenher. Die ebenfalls 5-jährige Mirielle erzählte beim Zeichnen dem Vater: «Die Anna, du weißt doch, meine Freundin, wohnt in diesem Haus, die hat dort ein eigenes Zimmer.»
- Im Körperkontakt: Mit den Söhnen war weniger Körperkontakt beobachtbar als mit den Mädchen. Die Mädchen regelten durch den Körperkontakt auch die Nähe und Distanz zum Vater.

- Im Blickkontakt: Die Väter und die Söhne schauten während des Malens auf das Blatt. Der Blickkontakt diente zur Verständigung und sachlichen Absprache. Die Töchter schauten hin und wieder ihren Vater an und lächelten ihm zu.
- In der Sachlichkeit: In der Kommunikation mit den Söhnen beobachteten wir erhöhte Sachlichkeit. Vater und Sohn orientierten sich am Spiel. Vieles lief sprachlos, in stillem Einverständnis ab. Im Kontakt mit den Töchtern wechselte die Begegnung zwischen Malen (objektorientiert) und genüsslichem Plaudern über alles und jedes (beziehungsorientiert) hin und her.

In diesem unbewussten Unterscheiden zwischen Tochter und Sohn berücksichtigen diese «guten Väter» den Umstand, dass Jungen eben verstärkt objekt- beziehungsweise sachorientiert sind, während Mädchen tendenziell beziehungsorientiert sind.

Wenn Sie also sowohl Ihrer Tochter als auch Ihrem Sohn die besten Entwicklungschancen bieten wollen, müssen Sie diese Unterschiede erkennen, zulassen und berücksichtigen. Es ist wichtig auf die Eigenarten Ihres Kindes – egal ob Tochter oder Sohn – einzugehen und nicht beide über einen Kamm zu scheren.

Im Folgenden führe ich Sie in die wichtigsten Bereiche ein, in denen Töchter und Söhne unterschiedliche väterliche Erziehung brauchen. Natürlich sind das immer nur Tendenzen, die auf die Mehrzahl der Kinder zutreffen. Finden Sie als Vater heraus, welche für Ihr Kind gelten und in welchen Bereichen es anders ist. Am Ende jedes Abschnitts werden Ihnen konkrete Handlungsanweisungen angeboten, damit es Ihnen leichter fällt, diesen Punkt bei Ihrem Kind umzusetzen.

So sprechen Sie «die Sprache» Ihrer Tochter!

Um einen guten Zugang zu Ihrer Tochter zu finden, müssen Sie «ihre Sprache» sprechen. Während Jungen die Sprache dazu einsetzen, über ihr Wissen, ihre Fähigkeiten und ihren Status zu berichten, steht für Mädchen der unmittelbare Kontakt mit dem Gegenüber im Vordergrund. Mädchen teilen sich direkt mit. Aus der Sicht Ihrer Tochter ist Reden vor allem ein Mittel, um Beziehungen herzustellen, zu verbessern und zu stabilisieren. Ihre Tochter können Sie also ganz direkt fragen: «Wie fühlst du dich, wie geht es mit den Freundinnen?», um etwas über ihre Innen- und Beziehungswelt zu erfahren. Worte dienen Ihrer Tochter dazu, dem anderen die eigenen Gedanken und Gefühle begreifbar zu machen, den anderen zu verstehen und ihn zu beeinflussen. Dabei achtet Ihre Tochter sowohl auf die Mimik und den Blick ihres Gegenübers als auch auf dessen Körpersprache. Sie braucht die Rückmeldungen ihres Gesprächspartners – egal ob verbal, mimisch oder körpersprachlich –, weil ihr Redefluss ohne diese Rückmeldungen sehr wahrscheinlich versiegen würde. Jungen können, wenn sie über ihr Thema zu referieren begonnen haben, auch ohne Rückmeldungen weiterreden, manchmal sogar besser, weil sie dann auf ihr Gegenüber keine Rücksicht zu nehmen brauchen.

Mädchen suchen stärker den Kontakt zu Vätern und Müttern und reagieren sensibler auf mimische und akustische Signale als Jungen.

Also: Zeigen Sie Interesse an der Innen- und Beziehungswelt Ihrer Tochter. Fragen Sie, wie es ihr geht, wie es mit den Klassenkameradinnen und Freundinnen läuft. Widmen Sie ihr Ihre ganze Aufmerksamkeit, wenn Sie mit ihr reden. «Schwingen» Sie mit, indem Sie ihr verbale («hmm»), mimische (Kopfnicken) und körpersprachliche (Oberkörper Ihrer Tochter zugeneigt, offene Körperhaltung) Rückmeldungen geben.

Töchter spielen anders

Für Ihre Tochter steht beim Spielen das Erlebnis im Vordergrund. Dabei kann sie sich selbst und ihre Mitmenschen erforschen. Ihr geht es um die Lust an einer Aktivität. Meist liebt sie es, soziale Kontakte zu intensivieren oder ihre persönlichen Fähigkeiten kennenzulernen und weiter auszubauen. Im Spiel kann sie ihre Sympathien ausdrücken, wie zum Beispiel beim «Mensch ärgere dich nicht»: «Dich werfe ich nicht raus, weil ich dich so gern habe.» Oder sie ärgert ihr Gegenüber auch einmal: «Hihi, jetzt habe ich dich schon wieder erwischt, raus mit dir.» Für Mädchen sind Spiele oft eine Möglichkeit, soziales Miteinander zu imitieren und zu gestalten. Rollenspiele, in die sie schon sehr früh eintauchen, sind dafür hervorragend geeignet: «Jetzt spielst du mal die Mama und ich den Papa.» Mädchen mögen Spiele, die ihre Lebenswelt widerspiegeln und in denen persönliche Beziehungen eine große Rolle spielen. Deswegen spielen sie gerne und sehr lange mit Puppen.

Viele Mädchen sind ganz versessen darauf, in die Welt des Vaters eingeführt zu werden: mit zum Fußballspiel zu kommen, bei dem der Vater Mittelstürmer ist, mit ihm auf einen Berg zu steigen, einmal seinen Arbeitsplatz kennenzulernen. Vergessen Sie dabei aber nicht, dass für Ihre Tochter die Beziehung und das Zusammensein mit Ihnen im Vordergrund steht – eher als die Sache, für die Sie sich begeistern.

Also: Führen Sie Ihre Tochter in Ihre Spiel- und Arbeitswelt ein, in Ihre Abenteuer und Aktivitäten. Gehen Sie dabei aber nicht nur im Wettkampfdenken auf, sondern widmen Sie sich auch dem Kontakt, der Begegnung und der Beziehung zu Ihrer Tochter. Und lassen Sie sich umgekehrt hin und wieder auch auf die Spielwelt Ihrer Tochter ein. Genießen Sie es, am Ideenreichtum und an der Fantasie Ihrer Tochter teilzuhaben, indem Sie in ihren Rollenspielen mitwirken, sei es mit Handpuppen, Barbiepuppen, Stofftieren oder einfach mit Verkleidungen.

Unbekanntes bewältigen

Indem Ihre Tochter neue Beziehungen knüpfen kann, ist sie in der Lage Unbekanntes zu bewältigen. Ermöglichen Sie ihr dies dadurch, dass Sie Ihre Tochter zum Beispiel folgendermaßen auf eine Begegnung vorbereiten: «Heute ist dein erster Schultag. Deine Lehrerin, Frau Lehner, ist ein sehr netter Mensch. Deine Cousine Karoline war auch bei ihr und mochte sie sehr gern. Frau Lehner lebte eine Zeitlang in Italien und hat zu Hause zwei Hunde. Sei freundlich zu ihr. Mir zuliebe.» Solche Worte lassen Jungen eher kalt, während sie Mädchen herausfordern, sich auf die neue Situation einzulassen.

Also: Teilen Sie Ihrer Tochter mit, welchen Menschen sie in neuen Situationen begegnen wird. Wenn Sie sie selbst noch nicht kennen, erkundigen Sie sich und machen Sie nach Möglichkeit vorher ihre Bekanntschaft.

Für gute Beziehungen tun Mädchen viel

Mädchen und Jungen unterscheiden sich auch im Arbeitsverhalten. Meist sind Mädchen fleißiger und folgsamer als Jungen. Wenn die Beziehung stimmt, sind Mädchen oft bereit, eine Arbeit oder ein Aufgabe zu übernehmen, während Jungen eher zu Widerstand neigen. Meist leisten Jungen erst etwas, wenn sie dafür eine Gegenleistung erhalten, sie verhandeln gerne. Wenn Mädchen mithelfen, rechnen sie weniger mit einer konkreten Entschädigung oder Gegenleistung, sondern sie sammeln Beziehungspunkte. Sie erwarten, dass man es der Beziehungsqualität anrechnet und dass sie als nette, intelligente oder sympathische Menschen gesehen werden. Wahrscheinlich ist auch Ihre Tochter gerne bereit, Ihnen, ihrer Mutter oder auch dem Lehrer zu helfen, wenn sich dadurch die Beziehungsqualität positiv verändert und sie besser dasteht.

Mädchen sind sehr anpassungsfähig. Oft wollen sie den Wünschen ihrer Väter so sehr entsprechen, dass sie ihre eigenen aus den Augen verlieren. Vielleicht will Ihre Tochter auch jeden Ärger mit Ihnen vermeiden und tut nur deshalb das, was Sie wollen. Dabei könnten Sie die Wünsche und Sehnsüchte Ihrer Tochter übersehen und damit auch sie selbst.

Also: Ein «mir zuliebe» wirkt bei Ihrer Tochter Wunder, auch wenn es darum geht, das Zimmer aufzuräumen. Verweigert sich Ihre Tochter vollständig, steht meist ein Beziehungsproblem dahinter. Vielleicht fühlt sie sich von Ihnen zu wenig beachtet und nicht wertgeschätzt.

Die Handlungen der Tochter würdigen

Gerade jüngere Mädchen machen vieles einfach Ihnen zuliebe. Signalisieren Sie Ihrer Tochter einerseits, dass Sie es zu schätzen wissen, was sie für Sie gemacht hat. «Es freut mich, dass du für mich dein Zimmer so toll aufgeräumt hast, ich bin stolz darauf, dass ich so eine fleißige Tochter habe.» Das sind die Beziehungspunkte, die für Ihre Tochter so wichtig sind, und Sie gehen auf ihren Wunsch ein, als fleißige Tochter gesehen zu werden. Loben Sie aber auch das Werk, so helfen Sie mit, dass Ihre Tochter auch langsam erkennt, wie wichtig sachliche Qualitäten sind. «Schön, wie ordentlich du deine Schulsachen ins Regal geräumt hast und wie gemütlich es sich deine Kuscheltiere auf deinem Bett gemacht haben.»

Also: Versuchen Sie, im Kontakt mit Ihrer Tochter immer wieder auch den Beziehungsaspekt zu beachten. Stellen Sie sich dabei öfter die Frage: «Wie geht es ihr gerade mit mir?» Das fällt Männern – die eben stark objektorientiert sind – oft sehr schwer.

Söhne

So sprechen Sie «die Sprache» Ihres Sohnes!

Um einen guten Zugang zu Ihrem Sohn zu finden, müssen Sie «seine Sprache» sprechen. Jungen erreichen Sie, wenn Sie ihre Leidenschaften verstehen und ernst nehmen. Wenn Sie wollen, dass sich Ihr Sohn öffnet, ist es wichtig, seine Interessen, Anliegen und Themen zu kennen. Jungen reden gerne über ihr Lieblingsthema, ob das Auto, Fußball, Dinosaurier, Computer oder Musik ist. Dabei werden sie lebendig, entspannen sich, werden zugewandter und kooperieren. Dazu braucht Ihr Sohn das Gefühl, dass Sie sich für seine Lebenswelten interessieren. Wenn Ihr Sohn über sein Lieblingsthema spricht, dann spricht er auch über sich selbst. Die Kunst des Vaters ist es, die persönliche Botschaft herauszuhören. Ihr Sohn zeigt Ihnen seine Gefühlswelt, wenn er von seinen Vorlieben schwärmt. Während der Junge also einen «Umweg» über seine Interessen und Leidenschaften braucht, damit Sie erfahren, wie es ihm geht, können Sie Ihre Tochter direkt fragen: «Wie fühlst du dich, wie geht es mit den Freundinnen?», um etwas über ihre Innen- und Beziehungswelt zu erfahren.

Also: Fragen Sie Ihren Sohn nicht zu oft, wie es ihm geht. Meist wird er einfach «gut» sagen, selbst wenn es nicht so ist. Lassen Sie ihn erzählen: über die tollsten Autos, die er heute gesehen hat, die beste Musik … je nach seinem Interessengebiet.

Das Spielverhalten der Jungs

Bei Jungen geht es im Spiel sehr schnell um Freund und Feind, um Niederlagen und Siege. Sie stellen ein Thema in den Mittelpunkt und unterwerfen sich einem Spiel und den damit verbundenen Regeln. Wenn Jungen einen Ball kicken, dann sehen sie sich in ihrer Fantasie als Fußballer in einem Stadion vor Tausenden von Zuschauern, dann nehmen sie teil an der großen Welt des Fußballs.

Auch wenn Jungen und Mädchen das Gleiche spielen, laufen in ihren Köpfen verschiedene Programme ab. Während es für Mädchen um körperliche Bewegung, um Beziehungsqualität und ihre Stellung innerhalb der Gruppe geht, widmen sich Jungen einem Spielzweck, meistens dem Gewinnen. Sie möchten gewinnen und prahlen gerne dabei.

Männer neigen zur Grandiosität. Jungen stellen sich gerne vor, dass sie einmal so gut Fußball spielen wie Ronaldinho, dass sie der beste Rapper der Welt werden und vieles mehr. Natürlich ist die Wahrscheinlichkeit gering, dass sie bei Real Madrid engagiert werden oder dass ihre Lieder die Hitlisten stürmen. Doch diese Größenfantasien versetzen Jungen in eine gute Stimmung. Durch sie raffen sie sich auf, kleinere Ziele anzupacken. Realistische Ziele und nüchterne Pläne demotivieren und langweilen die meisten Jungen. Bei ihren Grandiositäten handelt es sich um einen Mechanismus zur Selbstmotivation. Sie versetzen sich damit in eine größere Szenerie. So fällt es ihnen leichter, alltägliche Herausforderungen anzupacken. Als Bastian Schweinsteiger zu kicken oder als Fifty Cent zu rappen ist für viele Jungen reizvoller als ein Leben wie «Joachim Durchschnitt» zu führen.

Mädchen nervt das prahlerische Getue der Jungen. Für sie steht das Erlebnis im Vordergrund, die Lust an einer Aktivität, der Wunsch, soziale Kontakte zu verstärken oder ihre Fähigkeiten zu erweitern. Obwohl: Papas allerschönste Prinzessin zu sein, gefällt den Töchtern meist dann doch.

Also: Finden Sie eine gute Balance, Ihren Sohn beim Durchhalten zu unterstützen, ihn also zum Beispiel an das Fußballtraining zu erinnern, ihn aber auch in seiner Grandiosität anzusprechen. Nennen Sie ihn beim gemeinsamen Fußballspiel im Garten ruhig Ronaldinho – oder beim Namen desjenigen, der er eben gerade sein will.

Neues bewältigen

In einer neuen Situation hilft es Ihrem Sohn sehr, wenn er die Struktur und die Ordnung, die dahintersteckt, erkennen kann. Er möchte wissen, wer das Sagen hat und welche Regeln gelten werden. Für ihn könnte es deshalb heißen: «Heute ist dein erster Schultag, du wirst deine Lehrerin treffen, die dir zeigt, wo du sitzen wirst. Was deine Lehrerin sagt, zählt: Bis es läutet, musst du ihr gut zuhören. In den Pausen kannst du mit deinen Freunden nach draußen gehen!»

Also: Erklären Sie Ihrem Sohn sachlich, wie etwas abläuft und was von ihm verlangt wird.

Jungs verhandeln gerne

Jungen lieben es zu verhandeln, wahrscheinlich auch Ihr Sohn! Aus der Sicht von Jungen geht es um Geben und Nehmen. Wenn Ihr Sohn beispielsweise die Werkstatt oder den Schuppen aufräumen soll, könnten Sie seinen Einsatz mit einer Gegenleistung entlohnen. Vielleicht fällt es Ihnen als Vater schwer, dies zu verstehen. «Arbeite ich nicht auch für dich?», werden Sie denken. Doch wenn Sie Ihren Sohn von der Mitarbeit überzeugen wollen, gilt es, mit ihm zu verhandeln. Mädchen übernehmen gerne Aufgaben einer Person zuliebe, Jungen tun das selten. Sie stellen ihren Einsatz nicht in den Kontext einer Beziehung, sondern sie streben einen Deal an: Ich mache etwas für dich, du leistest etwas für mich. Wenn Sie wollen, dass Ihr Sohn etwas tut, was Ihnen wichtig ist, dann müssen Sie ihm ein Angebot machen. «Wenn du den Rasen mähst, fahre ich dich heute Abend zum Sport.» Beispielsweise.

Also: Seien Sie nicht enttäuscht, wenn Ihr Sohn nicht Ihnen zuliebe etwas leistet. Erfreuen Sie sich an seinem Verhandlungsgeschick und genießen Sie es. Werden Sie ein harter, aber fairer Verhandlungspartner.

Es gibt jedoch auch immer wieder Dinge, die sowohl Ihre Tochter als auch Ihr Sohn hin und wieder nicht machen möchten. Sei es der Schulbesuch, das Zähneputzen, das Zubettgehen, kurz: alles, was Ihrer Meinung nach einfach getan werden muss. Dann liegt es an Ihnen, sowohl Ihrem Sohn als auch Ihrer Tochter mit knappen Worten – vielleicht mit der klaren Aussage: «Darüber diskutiere ich nicht mit dir» – und in bestimmtem Ton mitzuteilen, dass sie oder er nun ins Bett gehen, die Zähne putzen oder einfach zur Schule gehen muss. Hin und wieder braucht Ihr Kind Ihre klare Haltung, damit es in den Ernst des Lebens hineinwachsen kann. In diesen Fällen müssen Sie deutlich signalisieren: «Ich bin der Boss!»

Die Handlungen des Sohnes würdigen

Wenn Sie von Ihrem Sohn wollen, dass er zu Hause oder in der Schule seinen Beitrag leistet, dann müssen Sie seine Aktivitäten registrieren und bewerten. «Hast du dein Zimmer wirklich aufgeräumt?» – «Zeig mir dein Matheheft, ich will sehen, wie du die Aufgaben gelöst hast.» Bei der Überprüfung soll nicht die Kontrolle im Vordergrund stehen, sondern die Bindung zwischen Ihnen beiden. Durch Ihre Überprüfung erlebt Ihr Sohn zweierlei: zum einen, dass er Ihnen wichtig ist und Sie sich darum kümmern, dass er auch die Aufgaben erledigt, die er nicht so gerne mag. Zum anderen, dass auch Ihnen die angesprochene Sache und ihre Erledigung wichtig ist. Wenn Ihr Sohn seine Sache ordentlich gemacht hat, sagen Sie ihm das: «Wow, das hast du richtig gut gemacht. In Mathe bist du wirklich ausgezeichnet. Ich bin stolz auf dich.»

Also: Kontrollieren Sie Ihren Sohn! Er merkt dadurch, wie wichtig er Ihnen ist. Auch wenn es für Sie und ihn nicht immer angenehm ist. Loben Sie ihn aber auch, gute Leistungen sind nicht selbstverständlich! Übrigens: Lob ist als Verstärker mindestens fünfmal so stark wie Kritik.

Die Väterkarriere für Karriereväter – Wann, was, wie?

Wie bereits erwähnt: Mehr als 90 Prozent der Väter stehen im Beruf, die meisten arbeiten Vollzeit. Männer gehen in Projekten auf, sie engagieren sich stark, um ihre Ziele zu erreichen. Das liegt in der Natur der Männer. Damit ist die Zeit knapp. Viele Väter kommen Ihren väterlichen Anforderungen nicht immer im gewünschten Umfang nach. Wenn dies auch bei Ihnen der Fall sein sollte, sollten Sie deswegen kein schlechtes Gewissen haben. Reden Sie mit Ihrer Frau darüber: Sie kann Ihnen wertvolle Rückmeldungen geben, wenn Ihre Abwesenheit für Ihr Kind zu einem Problem wird.

Auch wenn Sie als Vater beruflich sehr engagiert sind, gibt es Zeiten, in denen Sie unbedingt für Ihr Kind da sein sollten. Meist sind es die Zeiten des Übergangs, in denen Sie als Vater – als Tor der Welt – besonders gefordert sind. Mein Appell an Sie: stellen Sie in diesen Phasen Ihr berufliches Engagement ein wenig zurück, sodass Sie es begleiten und für Ihr Kind da sein können. Dann kann es diese wichtigen anstehenden Schritte gut und erfolgreich machen.

Schwangerschaft

Es könnte sein, dass Sie sich an dieser Stelle fragen: «Was soll das?» Schließlich ist in dieser Zeit Ihr Kind noch gar nicht auf der Welt. Das stimmt natürlich. Doch während der Schwangerschaft bekommt Ihre Frau ein Gefühl dafür, ob sie auf Sie als Vater zählen kann. Widmen Sie sich Ihrer Frau. Tauschen Sie Ihre Gedanken über Ihr Kind aus; und auch Ihre Gefühle – wenn Männern das auch manchmal schwer fällt. Sprechen Sie über gemeinsame Wünsche und Sehnsüchte, über Träume für und mit Ihrem Kind. Natürlich wird es wichtig sein, diese Träume später zugunsten der Wirklichkeit Ihres Kindes aufzugeben. Doch genießen Sie diese Träume gemeinsam! Wenn Sie Ihre Träume aussprechen, sie miteinander besprechen, dann fällt es Ihnen auch leichter, sie loszulassen, wenn Ihr Kind später einmal seine eigenen Wege geht.

Für Männer ist dieses sich Einlassen in dieser Zeit besonders wichtig, weil Sie – im Gegensatz zur Frau – keine körperlichen Veränderungen erleben.

Mein Tipp: Nutzen Sie die Zeit der gemeinsamen Schwangerschaft, um sich innerlich langsam auf Ihre Vaterrolle einzustellen.

Geburt

Über 90 Prozent der heutigen Väter sind bei der Geburt dabei. Manche erleben sie als angenehm und wunderschön. Es gibt Spitzensportler, die das Erlebnis der Geburt Ihres Kindes über ihre größten sportlichen Erfolge stellen.

Für einige Väter hingegen ist die Geburt eher unangenehm. Sie kommen mit der Atmosphäre im Krankenhaus nicht zurecht und können kein Blut sehen. Sie entspannen sich erst, wenn ihnen ihr neugeborenes Kind in den Arm gelegt wird und ihnen im Kontakt mit dem Baby langsam bewusst wird, dass sie jetzt wirklich Vater sind. Wie es für Sie auch ist, akzeptieren Sie es! Es besteht kaum ein Zusammenhang zwischen dem Erleben der Geburt des Vaters und seiner späteren Qualität des Vaterseins. Viele Väter, die die Szene der Geburt ihres Kindes im Kreissaal nur mit Übelkeit überstanden haben, sind ausgezeichnete Väter geworden und einige Väter, die die Geburt ihres Kindes euphorisch und glücklich erlebten, verabschiedeten sich relativ schnell aus der Vaterrolle.

Mein Tipp: Akzeptieren Sie das Geburtserlebnis Ihres Kindes so, wie es für Sie war. Beschönigen Sie nichts. Achten Sie darauf, wie Sie für Ihre Frau da sein können und geben Sie Ihr Bestes.

Sprechen und Laufen lernen

Verspüren Sie in der ersten Zeit, in der Ihr Kind auf der Welt ist, das Gefühl von Eifersucht, geht es Ihnen wie vielen Vätern. Schließlich liegt das Baby häufig an der Brust und im Arm der Mutter. Die beiden leben quasi in Symbiose. Das Gefühl der Eifersucht gilt es zu akzeptieren, aber natürlich nicht auszuleben. Richten Sie Ihre Aufmerksamkeit besser auf Ihr Kind und nehmen Sie wahr, wie es sich verändert und wie es sich entwickelt. Gerade in der Baby- und Kleinkindzeit gibt es beinahe jeden Tag etwas Neues zu bewundern und zu bestaunen. Bleiben Sie als Vater präsent – auch wenn in dieser Zeit die Mutter Ihres Kindes noch die erste Geige spielt. Damit zeigen Sie Ihrer Frau außerdem, dass sie jederzeit auf Sie als Vater zählen kann.

Viele Väter kommen erst richtig ins Spiel, wenn ihr Kind die ersten Worte sprechen kann und die Motorik sich so weit entwickelt hat, dass es spielt und mit Bausteinen baut – und vor allem, wenn es zu laufen anfängt. Sie gestehen dann: «Ich traue es mich kaum zu sagen. Aber jetzt wo mein Kind zu laufen beginnt, wo ich langsam verstehe, was es von mir will, jetzt erst fühle ich mich wirklich als Vater.» Wenn es Ihnen auch so geht, dann ist das in Ordnung. Jeder Vater steigt zu dem Zeitpunkt in die Vaterschaft ein, zu dem es ihm am besten möglich ist. Legen Sie Ihr schlechtes Gewissen ab und erfreuen Sie sich an Ihrem Kind und seinen neuen Fähigkeiten.

Warum sind Sie in dieser Zeit besonders wichtig für Ihr Kind? Kleinkinder lernen zu gehen und zu laufen, indem Sie auf jemanden zugehen. Kann Ihr Kind nicht nur auf seine Mutter zulaufen, sondern auch auf Sie, erlebt es dieses Abenteuer doppelt schön und aufregend. Die Qualitäten des Vaters unterscheiden sich auch in dieser Zeit von denen der Mutter. Haben Sie also keine Scheu davor, Ihr Kind anfeuernd hochzuheben oder herumzuwirbeln oder was auch immer Ihnen in den Sinn kommt, wenn Ihr Kind auf Sie zutappt oder läuft. Meist kommt das Bedürfnis, sich mehr mit dem Kind zu beschäftigen, in dieser Zeit ganz von selbst. Geben Sie diesen Impulsen nach und genießen Sie es.

Mein Tipp: Genießen Sie das Wachstum Ihres Kindes und stehen Sie als «Anlaufstation» bereit.

Kindergarten

Sobald Ihr Kind in den Kindergarten geht, ändert sich sehr viel. Bei diesem Übergang fällt vielen Kindern die Trennung von der Mutter besonders schwer. Als Vater haben Sie die Möglichkeit, diese Schwierigkeit abzufedern, indem Sie Ihr Kind hin und wieder in den Kindergarten bringen. Wahrscheinlich kann sich Ihr Kind von Ihnen leichter lösen als von seiner Mutter. Vielleicht können Sie als Vater auch leichter loslassen als die Mutter. Auf jeden Fall können Sie Mutter und Kind damit unterstützen.

Wenn es Ihnen schon vorher gelungen ist, eine gute Beziehung zu Ihrem Kind aufzubauen, konnte Ihr Kind bereits gute Erfahrungen mit mehr als nur einer Person sammeln. Das erleichtert es ihm, auch in kleinen Gruppen gut anzukommen, sich zu integrieren. Am besten unterstützen Sie Ihr Kind in dieser Phase, wenn Sie ein besonders guter «Ansprechpartner» sind. Dabei geht es nicht unbedingt um den verbalen Austausch. Seien Sie für Ihr Kind da, spielen Sie seine Lieblingsspiele mit ihm, bereiten Sie ihm hin und wieder seinen Lieblingskakao zu. Signalisieren Sie ihm auf nette Art, dass Sie gerne an seiner neuen und abenteuerlichen Situation teilhaben. Zeigen Sie ihm vor allem, wie stolz Sie darauf sind, dass es das Abenteuer Kindergarten bewältigt. Mit dem Gefühl Ihres Stolzes überwindet Ihr Kind Widerstände leichter.

Viele Väter erzählen, dass sie die Kindergartenzeit mit ihren Kindern auch deswegen so genießen, weil sie in dieser Phase der absolute King für ihr Kind sind. Kein Wunder, in diesem Alter sind Väter für Jungen das absolute Vorbild: «Wenn ich einmal groß bin, dann werde ich genauso klug, stark … wie mein Papa.», sagen Jungen häufig. Und für Mädchen sind ihre Väter der Traummann. «Wenn ich groß bin, dann heirate ich dich.» Gehen Sie sorgfältig mit diesem großartigen Gefühl um, vielleicht müssen Sie darauf zurückgreifen, wenn Ihr Kind in die Pubertät kommt. Viele Eltern können diese Zeit nur deshalb ertragen, weil sie sich immer wieder daran erinnern, wie schön sie es mit ihrem Kind früher hatten.

Mein Tipp: Genießen Sie die Komplimente, die Ihr Kind Ihnen in dieser Zeit macht. Zeigen Sie ihm Ihren Stolz und – wenn möglich – bringen Sie Ihr Kind manchmal in den Kindergarten oder holen Sie es ab.

Grundschule

Kommt Ihr Kind in die Schule, wird einerseits seine Autonomie größer, andererseits steigen die Anforderungen. Wenn Ihr Kind in der Familie bereits eine Gemeinschaft leben und im Kindergarten positive Gruppenerfahrungen machen konnte, hat es ideale Voraussetzungen dafür, sich in der Schule zurechtzufinden. Es wird sich auch dort ohne große Probleme eingliedern. Das ist jedoch nicht ganz leicht. Ihr Kind muss sich mit neuen Kindern und unbekannten Autoritätspersonen auseinandersetzen. Manchmal wird es recht abrupt aus der Welt des Spieles herausgerissen und in die Welt der Leistung versetzt. Viele Kinder sind in dieser Zeit besonders anlehnungsbedürftig, sie brauchen Trost und Zuspruch von den Eltern und vor allem Aufmunterung von der väterlichen Seite. So kann das eigene Zutrauen wachsen. Widersprüche zwischen Lust- und Arbeitsprinzip lassen sich aushalten und altersgerecht lösen.

Auch wenn Ihr Kind in diesem Alter mehr Zeit mit Gleichaltrigen verbringt, braucht es Sie weiterhin sehr. Hilfreich ist es, wenn Sie Ihrem Kind bei den Hausaufgaben helfen können und es nach und nach zu selbständigem Arbeiten ermutigen. So fällt es ihm auch in der Schule leichter zu lernen.

Mein Tipp: Bringen Sie Ihr Kind hin und wieder zur Schule oder holen Sie es dort ab. Gerade beim Gehen erzählen Kinder gerne, was sie alles in ihrem Schulalltag erleben.

Weiterführende Schule

Wenn Ihr Kind etwa 10 Jahre alt ist, wird es von der Grundschule in die Haupt- oder Realschule wechseln, vielleicht auch auf das Gymnasium. Bilden Sie mit Ihrer Frau ein gutes Team, um für Ihr Kind abzuklären, welche Schule die richtige ist. Suchen Sie gemeinsam jene Form der weiterführenden Schule aus, in der Ihr Kind seine Stärken so gut wie möglich leben und weiter entwickeln kann. Orientieren Sie sich dabei weniger an den Schwächen Ihres Kindes, die Ihrer Meinung nach ausgeglichen werden sollen.

Jetzt wird Ihr Beitrag als Lernpartner Ihres Kindes noch stärker gefragt sein als in der Grundschule. Überlegen Sie gemeinsam mit Ihrer Frau, wo sie ihre unterschiedlichen Stärken einbringen können, um Ihr Kind auch fachlich zu unterstützen. Kommen Sie und Ihr Kind beim schulischen Lernen zu oft an Ihre emotionalen Grenzen, scheuen Sie sich nicht, professionelle Nachhilfe – zum Beispiel von einer Studentin oder einem Studenten – mit einzubeziehen. Es kann Ihre Beziehung zu Ihrem Kind entspannen, wenn dieser konfliktreiche Teil zumindest vorübergehend ausgelagert wird.

In der weiterführenden Schule werden gleichaltrige Freunde für Ihr Kind noch wichtiger als in der Grundschule. Durch den entwicklungsgemäß zu erwartenden Drang nach Autonomie nimmt die zeitliche Forderung Ihres Kindes an Sie als Vater ab. Das drücken Kinder zum Teil auch direkt aus: «Du brauchst dich jetzt nicht mehr so viel um mich zu kümmern.», sagt zum Beispiel der 11-jährige Manuel zu seinem Vater. Umso wichtiger sind Sie als Vater als Netz oder «Back up», sollte Ihr Kind es einmal schwer haben oder in eine Krise kommen. Natürlich wird es das weiterhin genießen, Abenteuer und auch weite Teile des Alltags mit Ihnen gemeinsam zu erleben. Lassen Sie Ihrem Kind dennoch seinen Freiraum, stehen ihm aber zur Verfügung, wenn es Sie braucht.

Spätestens wenn Ihr Kind in die Pubertät kommt, ist es eine konflikt- und facettenreiche Aufgabe, Vater zu sein. Dabei ist Ihre Erziehungsarbeit eng mit Ihrer Persönlichkeit verwoben. Sie können sich nicht dauerhaft hinter einer Rolle verstecken, sondern müssen authentisch bleiben. Vater zu sein ist nicht nur eine rationale Angelegenheit. Ihre Hoffnungen, Träume, Werte und Einstellungen, kurz: Ihre persönliche Geschichte redet mit, wenn Sie sich mit Ihrem Kind auseinandersetzen. Sie werden mit unangenehmen Gefühlen konfrontiert, von Ängsten geplagt und von Gedanken verfolgt, die Ihnen möglicherweise peinlich sind. Vielleicht möchten Sie Ihre Tochter oder Ihren Sohn manchmal am liebsten auf den Mond schießen oder zweifeln am Erfolg Ihres Vaterseins. Oft lösen Kleinigkeiten heftige Reaktionen aus – ein liegen gelassener Pullover am Wohnzimmerboden kann unter Umständen schon zum Eklat führen. Gleichzeitig findet in der Erziehung zwischen den Generationen ein regelrechtes Ritual statt. Je älter Ihr Kind wird, desto konfliktreicher wird die Beziehung zwischen Ihnen beiden. Kleine Kinder stellen sich gerne unter die Obhut des Vaters und lauschen aufmerksam seinen Worten und Erklärungen. Je älter Ihr Kind wird, desto stärker meldet sich sein Widerstand. Es wird sich nicht mehr kritiklos Ihren Wünschen fügen und es wird Ihre Hilfe und Ihren Schutz auch nicht mehr ausschließlich als Beglückung empfinden. Ihr Wissen wird zwar meistens noch geschätzt, doch manchmal auch ignoriert oder gar verhöhnt.

Die Erziehung Ihres Kindes ist nur dann fruchtbar, wenn Sie sich auf eine Auseinandersetzung mit ihm einlassen – und die kann heftig sein. Sie müssen als Vater bereit sein, sich der Konfrontation mit schwierigen Gefühlen – Hass, Wut, Gleichgültigkeit – zu stellen. Ihr jugendliches Kind will sich als Gegensatz erleben, den Helden markieren, bevor es wieder bereit ist, auf Sie zuzugehen. Indem Sie diesen Widerstand aushalten, ja vielleicht sogar herausfordern, tragen Sie als Vater dazu bei, dass Ihr Kind seine eigene Identität entwickeln und seine Rolle beziehungsweise Aufgabe im Leben finden kann.

Mein Tipp: Lassen Sie sich auf den Widerstand Ihres Kindes ein. Genießen Sie den Wettstreit. Lassen Sie sich von den eigenen Erziehungserfahrungen in Ihrer Kindheit nicht zu sehr beherrschen. Gehen Sie kurzzeitig auf Distanz, wenn Sie das Gefühl haben, emotional überflutet zu werden. Schauen Sie dann aus der Vogelperspektive auf die Szene und verlieren Sie dabei vor allem nicht Ihren Humor.

Einstieg in den Beruf

Gerade bei diesem Schritt braucht Ihr Kind Ihre volle Unterstützung. Auch heute noch, in der Zeit der Emanzipation, ist der Vater verstärkt für die Außenbeziehungen zuständig. Dazu gehört es auch, Ihr Kind auf den Weg in seine berufliche Welt zu begleiten.

Sehr wahrscheinlich haben sich während der letzten Schuljahre die Stärken und Schwächen Ihres Kindes noch mehr herauskristallisiert als in der Grundschule. Wenn Sie unsicher sind, zögern Sie nicht, sich mit Ihrem Kind an Institutionen zu wenden, die sich mit dieser Thematik auseinandersetzen. Das kann beispielsweise die Berufsberatung sein, die in Deutschland von den Arbeitsämtern angeboten wird. Achten Sie jedoch darauf, dass sich diese Beratung wirklich an den Stärken Ihres Kindes orientiert und nicht nur nach den gerade freien Stellen auf dem Arbeitsmarkt.

Wenn Ihr Kind eine Lehre machen möchte, braucht es bei der Suche nach einer geeigneten Lehrstelle Ihre Unterstützung. Beziehen Sie Ihren Freundes- und Bekanntenkreis mit ein, denn nach wie vor sind persönliche Beziehungen in diesem sensiblen Bereich von großem Vorteil. Reden Sie mit Ihrem Kind, wenn es in einen bestimmten Beruf «hineinschnuppern» will. Stehen Sie als Ratgeber zur Verfügung, wenn Ihr Kind unsicher ist, oder sich zum Beispiel von dem rüden Ton, der in bestimmten Berufen herrscht, abschrecken lässt. An dieser Stelle gilt es, vor allem zuzuhören und Mut zu machen, sich diesen Dingen zu stellen. Ihr stärkstes Wirken hat Ihr Kind aber schon viel früher erlebt und verinnerlicht. Die Art und Weise, wie Sie mit Widerständen und Konflikten umgegangen sind, hat Ihr Kind unbewusst wahrgenommen und miterlebt. Vieles wird es in konfliktreichen Situationen ähnlich machen wie Sie.

Sollte Ihr Kind das Gymnasium abgeschlossen haben und studieren wollen, braucht es Ihre besondere Unterstützung. Einerseits gilt es, die finanziellen Möglichkeiten auszuloten: Neben staatlicher Förderung können manchmal Stipendium beantragt werden. Andererseits sollten Sie Ihr Kind auch darin unterstützen, seine Stärken und Schwächen realistisch einzuschätzen, damit es keinen beruflichen Absturz erleidet, sich aber auch nicht unterfordert. Auch in dieser Zeit ist vor allem gefragt, dass Sie zuhören. Wir Erwachsene sind über die Vielzahl beruflicher Entwicklungsmöglichkeiten oft gar nicht mehr richtig informiert: Machen Sie sich zusammen mit Ihrem Kind darüber schlau. Was Ihr Kind in dieser Phase braucht, ist das Vertrauen in seine Fähigkeiten. Wahrscheinlich haben Sie in dieser Phase dem Kind auch Ihren väterlichen Segen gegeben und begegnen ihm auf Augenhöhe.

Mein Tipp: Stehen Sie Ihrem Kind in der Phase seiner Berufswahl als zuhörender Gesprächspartner zur Verfügung. Entscheiden Sie gemeinsam, ob und wie Sie es – vor allem wenn es erst 14 oder 15 ist – bei wichtigen Terminen in Firmen oder Betrieben begleiten.

Ich habe hier mit Ihnen einen groben Bogen über die Entwicklungsphasen Ihres Kindes geschlagen. In diesen Phasen des Übergangs sind Sie als Vater besonders wichtig und gefragt! Manchmal geraten Kinder auch in Krisen, in denen sie insbesondere ihren Vater brauchen. Wie Sie diese Krisen erkennen und wie Sie darauf reagieren können, lesen Sie im nächsten Kapitel.

Ihr Kind braucht Vorfahrt? – Prioritäten für den Notfall

Wenn Sie eine gute Beziehung zu Ihrem Kind haben, werden Sie wahrscheinlich auch spüren, wie seine Stimmungslage ist. Ein Auf und Ab im Leben ist für jeden Menschen normal. Niemandem ist es möglich, nur im Hoch seiner Gefühle zu leben. Wahrscheinlich spüren Sie auch, wann Ihr Kind Ihre Unterstützung besonders braucht. Sie können jedoch nicht verhindern, dass Ihr Kind immer wieder einmal in Schwierigkeiten kommt, selbst wenn Sie einen guten Kontakt beziehungsweise Beziehung mit ihrem Kind pflegen. Vor allem dann, wenn Ihr Kind im Freundeskreis, im Kindergarten oder in der Schule mit Menschen konfrontiert wird, die es mit Scham- und Schuldgefühlen belasten. Schämt sich Ihr Kind, hat es das Gefühl «ich bin nicht richtig» Fühlt es sich schuldig, glaubt es etwas falsch gemacht zu haben. In beiden Fällen besteht die Gefahr, dass es sich «einmauert» und auch mit seinen Eltern nicht darüber spricht. Gerade weil es sich schämt oder schuldig fühlt, vor dem Vater ebenso wie vor der Mutter.

Wie merken Sie, dass Ihr Kind Probleme hat? Es gibt drei wichtige Hinweise für Eltern, die zeigen, dass ihr Kind ihre Hilfe braucht.

- Erstens: Es wird lauter, geht stärker nach außen, bis hin zur Aggressivität. Diesen Weg wählen vermehrt Jungen, obwohl es auch hin und wieder bei Mädchen zu beobachten ist.
- Zweitens: Das Kind zieht sich zurück, wird stiller und leiser, im Extremfall ist es kaum mehr zu erreichen. Diese Art ist verstärkt bei Mädchen zu beobachten. Dieses «Nichtzeigen» ist deshalb so problematisch, weil diese Kinder nicht wirklich auffallen, sie funktionieren meist einfach weiter. Das führt dazu, dass die schwierige psychische Lage dieser Kinder sehr oft übersehen wird.
- Drittens: Die Leistungen lassen stark nach, sei es nun im Kindergarten oder in der Schule. Geraten Sie nicht in Panik, wenn Ihr ohnehin sehr aufgeweckter Junge einmal total über die Stränge schlägt oder wenn Ihr stilles Kind einen Tag noch stiller ist. Reagieren Sie aber, wenn sich dieses für Sie ungewohnte Verhalten Ihres Kindes

über mehrere Tage oder gar Wochen hinzieht. Das ist ein untrügliches Zeichen dafür, dass im Leben Ihres Kindes etwas aus den Fugen geraten ist.

Die folgenden drei Episoden sollen beispielhaft Situationen schildern, in denen die drei genannten «Problemtypen» und mögliche Lösungsansätze sichtbar werden.

Bedroht und ausgelacht

Der 4-jährige Peter geht eigentlich gerne in den Kindergarten. Zuhause ist er aufgeweckt und lebenslustig. Er und sein Vater haben abends oft großen Spaß beim Geschichtenerfinden. Seit drei Tagen fallen Peter jedoch keine Geschichten mehr ein, er wirkt lethargisch und ist kaum anwesend. Normalerweise erzählt Peter schnell, was mit ihm los ist und so macht sich sein Vater Alfred anfangs keine großen Sorgen. Morgens mag Peter plötzlich aber nur noch ungern in den Kindergarten. Wenn Mutter oder Vater ihn abholen, steht er schon wartend da. Auf Fragen, was denn mit ihm los sei, reagiert er nicht.

Alfred fängt an sich Sorgen zu machen. Abends beginnt er eine Geschichte mit: «Es war einmal ein kleiner Junge, den hatte sein Vater so lieb. Aber auf einmal war der kleine Junge ganz anders, so traurig und niemand wusste, was mit ihm los war.» Einfühlsam hat der Vater die Geschichte begonnen und beim Blick auf seinen Sohn sieht er auch schon die großen Tränen in dessen Augen. Behutsam nimmt Alfred Peter in die Arme. Der fängt zu schluchzen an und mit Stocken kommt es aus ihm heraus: «Die lachen mich immer aus und stoßen mich. Und sie sagen, dass sie mich hauen, wenn ich es Euch erzähle.» – «Das werden wir ja sehen!» entfährt es Alfred. Entschlossen sieht er seinen Sohn an. Der Blick seines Vaters lässt Peter Zuversicht schöpfen, das Schluchzen wird schwächer und langsam beruhigt er sich. «Morgen komm ich mit.», meint Alfred nur.

Am nächsten Tag gehen die beiden gemeinsam in den Kindergarten. Alfred redet, in Absprache mit der Kindergartenpädagogin, mit den Kindern: «Ich finde es nicht fair, Kinder auszulachen und herumzustoßen. Ich möchte, dass ihr damit aufhört.» Er schließt mit einem etwas schärferen «Verstanden!». Die Kindergartenpädagogin ist darüber zwar etwas erschrocken, aber während der nächsten drei Tage macht sie mit den Kindern ein Projekt unter dem Motto «Nur miteinander sind wir stark». Seither wurde Peter nicht mehr ausgelacht.

Achten Sie auf die sozialen Kontakte Ihres Kindes. Am Besten ist, wenn Sie auch seine Freunde persönlich kennenlernen. Hin und wieder wird Ihr Kind Ihre Hilfe brauchen, damit es in seiner sozialen Welt nicht unter die Räder kommt.

Wut und Angst

Die 8-jährige Karin war immer schon ein lautes Kind. Doch in letzter Zeit sprengt sie alle Grenzen. Die Mutter ist verzweifelt, sie kommt mit der aufsässigen und bockigen Art ihrer Tochter einfach nicht mehr zurecht. «Du musst ein Machtwort sprechen!», fordert sie ihren Mann Bernhard auf. Doch der weiß auch nicht recht weiter. Seit drei Wochen geht das ganze jetzt schon, bei der kleinsten Anforderung explodiert Karin. Sie schimpft wild um sich, flucht und wirft mit Sachen herum.

«So, Schluss jetzt. Jetzt reden wir mal Tacheles.», sagt Bernhard und bugsiert seine Tochter etwas unsanft in ihr Zimmer. «Ich gehe jetzt hier nicht eher raus, bevor ich weiß, was mit dir los ist.», sagt er bestimmt. «Da kannst du lange warten!», faucht Karin. Provokant versucht sie ihren Vater aus dem Zimmer zu schieben. Der lässt das bis zur Türe zu und setzt sich dort einfach im Kinderzimmer auf den Boden. «Ich hab Zeit», sagt er und versucht dabei ruhig zu bleiben. Karin setzt sich auf ihr Bett und beginnt demonstrativ ein Comicheft zu lesen. Nach einer Zeit setzt sich Bernhard neben sie, legt sanft seinen Arm um Karins Schulter und versucht es erneut: «Was ist denn mit dir los, meine Große?», fragt er einfühlsam. Da beginnen die Schultern von Karin zu zucken, sie presst den Mund zusammen, um das Schluchzen nicht laut werden zu lassen, doch schließlich gibt sie den Widerstand auf und beginnt zu weinen. Sanft streicht ihr Bernhard über den Rücken, woraufhin das Schluchzen und Weinen lauter wird. Bernhard nimmt seine Tochter in den Arm und wartet einfach. Schließlich kommt es stockend aus Karin heraus: «Ihr lasst euch ja sowieso scheiden.» Verwundert schaut Bernhard Karin an. Doch weil seine Tochter gerade so im Fluss ist, unterbricht er sie nicht. «Ihr habt doch so laut gestritten vor ein paar Wochen und dann bist du einfach fort gegangen und die Mama hat gesagt ‹geh' nur› und ‹du brauchst gar nicht wiederzukommen›. So hat es bei den Eltern von Doris auch angefangen und jetzt sieht sie ihren Vater fast gar nicht mehr.» Langsam wird Karin still. «Kannst du mich jetzt hören?», fragt Bernhard. Karin nickt. «Weißt du, die Mama und ich haben gestritten, das stimmt. Aber ich bin am gleichen Abend wieder nach Hause gekommen und da haben wir uns wieder vertragen. Wir wollen uns auf keinen Fall scheiden lassen.» «Stimmt das?», fragt sein Töchterchen. «Wenn ich es doch sage», versichert ihr Vater. «Komm, wir gehen zur Mama, die kann das bestätigen.» Karins Mutter ist verwirrt und erleichtert, versteht sie jetzt Karins Verhalten doch besser. Sie umarmt zuerst Karin und dann Bernhard. Ihre Tochter sieht, dass der Streit zwischen den Eltern geklärt ist und sie wieder versöhnt sind. Bald darauf liegen sie einander zu Dritt in den Armen.

Karin ist weiterhin laut, «das ist wohl ihre Natur», meint ihr Vater. Doch sie ist jetzt wieder ansprechbar und lenkt auch einmal ein, wenn ihr etwas gegen ihren Willen geht. Sie flucht nicht mehr und wenn, dann entschuldigt sie sich anschließend dafür.

Auch wenn Ihr Kind auf Sie abwehrend reagiert, ist es in manchen Fällen wichtig, dabei zu bleiben, weil sich Ihr Kind sonst immer mehr in sich einsperren könnte. Gerade wenn es um die Liebesbeziehung der Eltern geht, sind Kinder sehr empfindlich. Versöhnen Sie sich nach einem Streit mit Ihrer Ehefrau so, dass es ihr Kind auch miterlebt.

Resigniert und unantastbar

Oliver, der Vater des 16-jährigen Frank ist verzweifelt. Er kommt an seinen Sohn einfach nicht mehr heran. Frank war schon immer nicht ganz einfach, aber in den letzten drei Monaten ist es mit ihm nicht mehr auszuhalten. Er hält sich an keine Vereinbarung mehr, kommt irgendwann in der Nacht nach Hause, bewegt sich in einem zwielichtigen Freundeskreis. Er raucht – «wahrscheinlich mehr als nur Tabak», denkt Oliver – er trinkt Bier und wahrscheinlich noch stärkere Getränke zusätzlich.

Die Eltern wissen nicht mehr, was sie machen sollen. «Am Anfang dachte ich, dass wäre das übliche über die Stränge schlagen von Jungendlichen.», berichtet Oliver. Doch als Frank beginnt, die Schule nur noch unregelmäßig zu besuchen und in allen Fächern massiv in seinen Leistungen nachlässt, wissen seine Eltern endgültig: «Da muss etwas geschehen.»

«Wie kann ich wieder Kontakt zu meinem Jungen herstellen?» Diese Frage beschäftigt Oliver tage- und nächtelang. «Schwierige Umstände verlangen radikale Methoden.» Dieser Satz lässt Oliver nicht mehr los. So fassen er und seine Frau einen gemeinsamen Beschluss. Oliver spricht in der Schule vor und veranlasst, dass sein Sohn für zwei Wochen beurlaubt wird. Frank weiß nichts davon.

Als Frank an einem der folgenden Tage gegen Mittag die Schule verlässt, wartet Oliver bereits mit Sack und Pack auf ihn: «So, du steigst jetzt ein und wir fahren für zwei Wochen nach Irland.», überfällt er seinen Jungen. «Sicher nicht», antwortet der sofort. «Pass auf! Das ist deine letzte Chance. Wenn du nicht mitfährst, musst du auch nicht mehr nach Hause kommen.», hält Oliver verzweifelt dagegen. «Du wolltest doch schon immer einmal nach Irland.», setzt er etwas versöhnlicher nach.

Der Junge ist vollkommen überrumpelt, seine alles-scheiß-egal-Haltung bröckelt nach einigem Überlegen. «Du wolltest doch immer schon einmal nach Irland.» Dieser Satz lässt etwas in ihm anklingen, das er selbst nicht versteht. «Irgendwas mit Sehnsucht», wird er sich später eingestehen. Grinsend steigt Frank ein: «Dann leg mal los, Alter.», fährt er seinen Vater an. Der ist so erleichtert, dass sein Sohn wirklich eingestiegen ist, dass er einfach losfährt und sich seinen Spruch verkneift.

Der erste Teil der Fahrt ist hart, beide schweigen. Durch ganz

Deutschland. Frank überlegt öfters, einfach bei der nächsten Raststätte abzuhauen und nach Hause «oder sonst wohin» zu trampen. Als sie Calais erreichen, setzen sie mit der Fähre nach England über und landen schließlich in Dublin – wieder mit der Fähre. Oliver und Frank waren immer schon gern unterwegs. Beide lieben das Dahingleiten und das Brummen des Motors. Und irgendwann können beide los lassen und den anderen ansehen, sie lächeln und erinnern sich an positive Erlebnisse. Oliver kommen all die Begegnungen mit einem liebenswerten Kind wieder in den Sinn: «Wie konnte ich das alles nur vergessen.» Frank wird gleichzeitig mit Gefühlen konfrontiert, die er schon lange nicht mehr gespürt hat: Gefühle von Gehaltenwerden, Vertrauen, Zuneigung. Es sind Bruchstücke von Erinnerungen, die er nicht benennen kann. Sie tauchen am Horizont seiner Seele auf, wie die Regenbögen in der Connemara, der wunderbar grünen Landschaft, durch die sie gleiten. Als Frank ruhiger wird, beginnt er den seltsamen Mann neben sich, der sein Vater ist, wert zu schätzen, und wieder lieb zu haben. «Mann, was bin ich für ein Gefühlsdussel», denkt er bei sich. Doch dieser Satz, bringt ihn zurück zu sich selbst, auch wenn er seine Gefühle nicht ausdrücken kann.

In dieser Stimmung fahren sie weiter und verbringen zwei Wochen miteinander. Als das Navi ausfällt, übernimmt Frank das Kartenlesen und Navigieren. «Das machst du ziemlich gut», teilt Oliver seinem Sohn mit. Das bricht das Eis endgültig. Anfangs finden zwar keine große Gespräche zwischen den beiden statt, sie sitzen weiterhin überwiegend schweigend nebeneinander, aber genießen gemeinsam das frühlingserwachende Irland, einfache Unterkünfte, die Pubs mit Livemusik und Guiness.

Und dann reden sie doch noch. Über früher. Wie Frank zum ersten Mal in die Schule ging. Daran kann sich Frank noch erinnern. Wie Frank ein Baby war, wie er mit Bausteinen spielte, wie er laufen lernte und wie er nicht in den Kindergarten wollte. Das erzählt ihm dann Oliver. Mit großen Augen hört Frank zu. Sein Gesicht legt in diesem Augenblick seine Härte ab – für Oliver ist es ein Wiedererkennen seines Kindes.

Von da an ist alles anders: Die Zeit läuft von selbst, Vater und Sohn fühlen sich wieder wohl in der Gegenwart des anderen. «Egal was wird, meinen Jungen lasse ich nicht im Stich.», ist das Fazit von Oliver. «Ich habe ja doch einen Vater, so alleine wie ich immer glaube, bin ich ja gar nicht.», das von Frank.

Als sie wieder zuhause sind, beginnt Frank langsam sich zu ändern. Von seinen umherziehenden Freunden zieht er sich nach und nach zurück. «Ich fühle mich dort einfach nicht mehr wohl.» Obwohl er eine «Ehrenrunde» in der Schule drehte, sind ihm seine Eltern nicht böse. «Gar nicht so schlecht», denkt Oliver, «so bekommt er auch gleich neue Klassenkameraden und findet neue Freunde».

Sie brauchen als Vater nicht immer für Ihr Kind da zu sein. Das ist auch gar nicht möglich. Wenn Ihr Kind aber eindeutige Signale setzt, wie Rückzug, aggressives Verhalten, Nachlassen bei den Leistungen, ist Ihr Einsatz gefragt: In solchen Momenten ist Ihre Hilfe notwendig, damit Ihr Kind seine Probleme lösen kann. Wenn Sie oder Ihre Frau trotz mehrmaliger Versuche keinen Zugang zu Ihrem Kind finden und die Signale auch nach einem Monat nicht wieder abklingen, ziehen sie bitte psychotherapeutischen Rat für Ihr Kind hinzu, damit der Zustand nicht chronisch wird. Je länger Sie abwarten, umso schwieriger wird es, Ihrem Kind zu helfen.

Zum Schluss

Vielleicht haben Sie bereits einige meiner Vorschläge mit Ihrem Kind ausprobiert: Natürlich gibt es nicht nur diese 52 Möglichkeiten, um Ihre Vater-Kind-Beziehung zu verbessern. Die Anzahl der Möglichkeiten ist unbegrenzt. Manchmal verhindern zu viele Ideen jedoch auch, dass Sie sich für eine entscheiden können. Aber da es letztlich immer um das konkrete Tun mit Ihrem Kind, um das gemeinsame Erleben geht, sollten Sie sich entscheiden. Wählen Sie eine Idee aus, mit der Sie beginnen wollen – am besten gemeinsam mit ihrem Kind. Dabei geht es nicht nur um das was, wann, wie, wer und wo, sondern auch darum, was Sie und Ihr Kind dazu brauchen. Bedenken Sie: Je mehr gemeinsame Zeit Sie mit Ihrem Kind verbringen, desto besser wird Ihre Vater-Kind-Beziehung sein.

Wenn Sie und Ihr Kind grundsätzlich eine gute Beziehung zueinander haben, dann wird das gemeinsame Erleben von einigen neuen Ideen Ihre Beziehung noch mehr vertiefen und verbessern. Wahrscheinlich wurde Ihnen durch das Lesen dieses Buches auch bewusst, was Sie bereits alles mit Ihrem Kind unternehmen!

Sollte Ihr Kind nicht daran gewöhnt sein, viel Zeit mit Ihnen zu verbringen, gehen Sie es langsam an. Rechnen Sie auch mit seinem Widerstand. Es muss sich erst an die neue Situation gewöhnen. Vor allem will es sicher sein, dass Sie nicht nur ein Strohfeuer entfachen, sondern dass es mit Ihnen als Vater wirklich auf Dauer rechnen kann. Wenn Sie Ihrer Vater-Kind-Beziehung lange Zeit wenig Beachtung geschenkt haben, wird Ihr Kind Sie auf die Probe stellen – vielleicht auch durch Verweigerung.

Mein Appell an Sie: Bleiben Sie dran, gehen Sie durch diesen Widerstand. Erst wenn Ihr Kind merkt, dass es Ihnen ernst ist, kann es sich auf Ihre neuen Angebote einlassen. Aus Erfahrung weiß ich, dass es dazu nie zu spät ist. Denn Ihr Kind sehnt sich nach Ihnen als Vater, genauso wie Sie sich sicherlich nach Ihrem Kind sehnen – sonst würden Sie dieses Buch nicht lesen.

Was ich Ihnen außerdem auf den Weg geben möchte: Sie müssen nicht der beste Vater der Welt sein! Es reicht, wenn Sie gut sind. In 99

Prozent der Fälle genügt es, dass Sie sich bewusst dazu entscheiden, ein guter Vater zu sein, und dies verwirklichen.

Albert, ein 9-jähriger Junge, der bei mir in Therapie war, kannte seinen Vater nicht. Er wollte ihn aber unbedingt kennenlernen. Sein Vater aber weigerte sich, Kontakt mit seinem Sohn aufzunehmen – trotz zahlreicher Interventionen, auch von meiner Seite. Deshalb schrieb Albert seinem Vater einen Brief:

«Es ist so schade, dass du dich gar nicht um mich kümmerst. Ich würde mit dir so gern Fußball spielen, Eis essen, mit meiner Playstation und mit Autos spielen, Basketball und Handball spielen, schwimmen, fernsehen, lesen, wandern gehen …»

Sie sehen, es sind nicht die teuren Dinge und Aktivitäten, von denen Albert träumt, es ist der ganz normale Alltag. Ein Alltag, in dem der Vater mit offenen Augen, Ohren und Sinnen auf ihn schaut, ihn achtet, mit ihm gemeinsam etwas unternimmt. Im Garten oder auf dem Spielplatz. Es muss nicht die Safari in Afrika sein, oft ist ein Zoo-Besuch genau so gut. In jedem Fall ist es Ihr ganzes Menschsein, nach dem sich Ihr Kind sehnt, an dem es sich orientieren möchte – für die Reise durch sein Leben. Dafür sind Sie ein wichtiger Wegweiser. Es gehört dazu, die nächste Generation ins Leben zu führen. Das ist eine unserer wesentlichen Aufgaben. Wenn dies nicht möglich ist, entsteht eine riesige Traurigkeit, für das Kind, aber auch für den Vater oder Mann.

Wenn Sie sich glücklich schätzen können, ein Kind zu haben, stellen Sie sich Ihrer Aufgabe, es wird das Leben Ihres Kindes und vor allem Ihr eigenes bereichern. Beginnen Sie heute mit dem ersten Schritt!

Unsere gemeinsame Reise ist an dieser Stelle nun zu Ende. Wir haben an 52 Stationen Halt gemacht, um zu überlegen, wie Sie die Beziehung zu Ihrem Kind noch weiter verbessern können. Wenn Sie mir ein oder mehrere Erlebnisse mitteilen möchten, die mit Ihrem Kind besonders lustig, schön, voller Abenteuer, geistreich, cool oder sonst außergewöhnlich waren, würde ich mich über ein Mail von Ihnen freuen. Am besten an: *info@ballnik.eu.*

Oder Sie besuchen mich einfach auf meiner Website: *www.ballnik.eu*

Danksagung

Dieses Buch hat viele Väter! Ein großer Dank geht an meinen Sach-
buchagenten Oliver Gorus – durch zahlreiche Diskussionen mit ihm ist
das Konzept für dieses Buch entstanden. Bei meinen Freunden und
Kollegen Helmut Seyss-Inquart, Inghwio aus der Schmitten und Lo-
renz Martignoni bedanke ich mich für die fruchtbaren Gespräche und
dafür, dass sie immer wieder mein Manuskript gelesen und mir wertvolle Rückmeldungen gegeben haben.

Mein Dank geht außerdem an Tom Fradinger, der mir als begeisterter Vater auch bei diesem Buch wertvolle Hinweise gab. Vielen Dank
ebenso an seine Frau Daniela Fradinger, die mir immer wieder neue
Gesprächspartner vermittelte. Ein großes Dankeschön an meine Klien-
tinnen und Klienten, vor allem an die Kinder und Jugendlichen unter
ihnen – durch ihre Augen war es mir möglich, viele Wünsche und Anforderungen an Väter neu und umfassender zu sehen und noch besser
zu verstehen. Bei Doris Seyss-Inquart, bei Alexandra Keiler und bei
Margareta Reisecker bedanke ich mich, weil sie mir die Türen in die
schulische Welt der Kinder öffneten, sodass ich mich mit Schulkindern
über ihre Väter unterhalten konnte und es mir möglich war, für Sie die
Ideen und Tipps noch vielfältiger, bunter und lebendiger zu gestalten.

Vielen Dank auch an Madlaina Bundi, der Programmleiterin des
Orell Füssli Verlags, die mit ihrer konzentriert leserorientierten Sicht-
weise sehr viel zur Entstehung dieses Buches beigetragen hat. Ein gro-
ßer Blumenstrauß geht an Karoline Lemke, die dieses Buch lektorierte.
Sie hat mich immer wieder dazu gebracht, mich von weitschweifigen
Erklärungen zu verabschieden, und trug so wesentlich dazu bei, die
Inhalte dieses Buches auf den Punkt zu bringen.

Meinem Grafiker Martin Koppenwallner danke ich für die Darstel-
lung der Vaterpyramide und für den Spaß und die Freude, die wir immer wieder bei unserer gemeinsamen Arbeit haben.

Was wären Väter ohne Mütter? So kann ich sagen, dass dieses Buch
auch eine Mutter hat: Ornella Garbani-Ballnik, nicht nur die beste
Ehefrau von allen, sondern auch meine Lieblingskollegin unter den

Psychotherapeuten – seit nun fast 20 Jahren. Durch Gespräche mit ihr komme ich immer wieder auf neue Gedanken, Sichtweisen und kreative Ideen. Mein Dank geht daher auch an sie, weil sie sich intensiv mit diesem Manuskript auseinandersetzte und mir viele wertvolle Anregungen und Tipps für Veränderungen gab.

Abschließend möchte ich auch meinen Eltern – Cäcilia Ballnik und Peter Ballnik senior – danken. Sie haben nicht aktiv an diesem Manuskript mitgearbeitet, aber für die Art und Weise, wie ich Väterlichkeit sehen, wie ich Väter mit ihren Kindern wahrnehmen, verstehen und beschreiben kann, dafür legten sie die Wurzeln. Danke!

Persönliche Literaturempfehlungen

Peter Ballnik, Elisabeth Martinez, Ornella Garbani-Ballnik (2005): Lebenswelten Vater-Kind, positive Väterlichkeit und männliche Identität. Hrsg. vom Bundesministerium für soziale Sicherheit, Generationen und Konsumentenschutz, Wien. – In dieser Studie sind wir der Frage „Was ist ein guter Vater?" nachgegangen. Aus einer Zusammenschau der erhobenen Daten habe ich die Vaterpyramide entwickelt. Diese beschreibt systematisch die Faktoren, die einen guten Vater ausmachen. An dieser Stelle bedanke ich mich bei der Männerpolitischen Grundsatzabteilung des Österreichischen Bundesministeriums für soziale Sicherheit, Generationen und Konsumentenschutz – unter der Leitung von Herrn Dr. Johannes Berchtold –, die mir freundlicherweise genehmigt hat, in diesem Buch die Vaterpyramide zu verwenden und die Forschungsergebnisse einfließen zu lassen. Auch die Idee der Grafik der Vaterpyramide wurde diesem Forschungsbericht entnommen.

Peter Ballnik (2008): Vater bleiben – auch nach der Trennung. München, mvg Verlag. – Dieses Buch richtet sich zwar an Väter nach der Trennung, doch beschreibe ich darin ausführlich, warum Kinder Vater und Mutter brauchen und wie wichtig ein gutes Eltern-Team für die Entwicklung des Kindes ist. Außerdem finden Sie darin einen Vatertypen-Test, der Ihnen hilft, sich Ihrer väterlichen Stärken – und auch Schwächen – bewusst zu werden.

Peter Ballnik (2010): Das Papa-Handbuch für Kinder ab 3. Alles, was Väter und Kinder verbindet. München, Graefe und Unzer Verlag. – In diesem Buch gehe ich auf die am meisten gestellten Fragen von Vätern ein, wie zum Beispiel: Was verbindet Vater und Kind? Warum bin ich als Vater für mein Kind so wichtig? Was gehört zu einer guten Vater-Kind-Beziehung? Wie ist das mit dem Vorbildsein? usw. Der Praxisteil des Buches ist nach dem von mir entwickelten RASSEL-Prinzip aufgebaut: R-Reden und Zuhören; A-Abenteuer; S-Spielen; S-Sport und Bewegung; E-Entspannen; L-Lernen und Schule. Ein weiter entwickelter

Vater-Typen-Test hilft Ihnen zu erkennen, wo Sie als Vater stehen, in welchen Bereichen Ihre Stärken liegen und in welchen Sie noch Entwicklungspotenzial haben.

Jean Le Camus (2003): Väter. Die Bedeutung des Vaters für die psychische Entwicklung des Kindes. Weinheim und Basel, Beltz Verlag. – Der Autor beschreibt, wie sich die Väter seit dem Zweiten Weltkrieg verändert haben. Er erläutert, wie sich das Kind innerhalb des Beziehungsdreiecks Vater-Mutter-Kind entwickelt. Von diesem Beziehungsdreieck ausgehend, beschreibt er verschiedene Aspekte des Vaters: der Vater, der dem Kind die Welt öffnet, die Kompetenzen des Kindes fördert und als Bezugsperson für die Bildung der Gefühlswelt des Kindes wichtig ist. Er bricht eine Lanze für das Vatersein von Anfang an. Dieses Buch ist trotz des etwas wissenschaftlichen Schreibstils des Autors gut lesbar.

Allan Guggenbühl (2006): Kleine Machos in der Krise. Wie Eltern und Lehrer Jungen besser verstehen. Freiburg im Breisgau, Herder Verlag. – Der Autor arbeitet in diesem Buch sehr schön die Geschlechterunterschiede zwischen Jungen und Mädchen heraus. Er beschreibt, in welchen Bereichen Söhne und Töchter unterschiedlich erzogen werden sollen, damit sie sich optimal entwickeln können.

Horst Petri (2006): Das Drama der Vaterentbehrung. Chaos der Gefühle – Kräfte der Heilung. 3. Auflage, Freiburg im Breisgau, Herder Verlag. – Dieses Buch ist zwar speziell für geschiedene Väter geschrieben, doch geht der Autor darin auf bestechende Art und Weise den Fragen nach: Warum brauchen Kinder einen Vater? Welche Folgen hat die «Vaterentbehrung»? Wenn Sie sich auf die psychoanalytische Sprache und Denkweise einlassen können, ist dieses Buch atemberaubend zu lesen.

Horst Petri (2004): Väter sind anders. Die Bedeutung der Vaterrolle für den Mann. Stuttgart, Kreuz Verlag. – Der Autor beschreibt in diesem Buch, was Vatersein für den Mann bedeutet. Er zeigt auf, wie schwierig es ist, die Anforderungen zu erfüllen, die sich ergeben, wenn man beruflich erfolgreich und gleichzeitig ein guter Vater sein möchte. Auch bei diesem Werk müssen Sie sich auf die psychoanalytische Sprache und Denkweise einlassen.

Luigi Zoja (2002): Das Verschwinden der Väter. Düsseldorf und Zürich, Walter Verlag. – Auch wenn der Titel negativ klingt, so beschreibt der Autor die Rolle des Vaters sehr spannend und anschaulich: von der Prähistorie über die klassische Antike, die Neuzeit bis heute.

Über den Autor

Der Psychotherapeut Peter Ballnik begleitet seit über 15 Jahren Männer in ihrer Vaterrolle. Neben seiner Praxistätigkeit wirkt er auch gestaltend in der Familienpolitik: Er ist Initiator, Projektleiter und Mitautor der umfangreichen Studie «Lebenswelten Vater-Kind. Positive Väterlichkeit und männliche Identität» (2004 bis 2006) sowie des «Ersten österreichischen Männerberichts». Beide Werke wurden vom Österreichischen Bundesministrium für soziale Sicherheit, Generationen und Konsumentenschutz herausgegeben und liegen den Familien-Ministerien der EU als Arbeitsgrundlage vor.

Er ist Autor und Co-Autor von mehr als einem Dutzend Fachbüchern und zwei Ratgebern für Väter: «Vater bleiben – auch nach der Trennung» (mvg) ist seit 2008 auf dem Markt. Im Frühjahr 2010 erschien «Das Papa-Handbuch für Kinder ab 3» bei Gräfe und Unzer. Ohne seinen großen fachlichen Hintergrund einzuebnen, schreibt er populär und verständlich.

Als ausgewiesener Top-Experte zum Thema Vaterschaft kann Peter Ballnik sein Wissen auch glänzend vermitteln. Er ist ein gefragter Referent und Workshopleiter, dabei pflegt er auf der Bühne – mit oder ohne Gitarre – einen ganz eigenen, gekonnten Stil. Weitere Informationen: www.ballnik.eu